REGIME JURÍDICO PATRIMONIAL NO CASAMENTO E NA UNIÃO ESTÁVEL

COLEÇÃO FÓRUM
DIREITO CIVIL
E SEUS DESAFIOS CONTEMPORÂNEOS

COLEÇÃO FÓRUM
DIREITO CIVIL
E SEUS DESAFIOS CONTEMPORÂNEOS

ANA CAROLINA TRINDADE SOARES COHEN

Prefácio
Marcos Ehrhardt Júnior

REGIME JURÍDICO PATRIMONIAL NO CASAMENTO E NA UNIÃO ESTÁVEL

11

Belo Horizonte

FÓRUM
CONHECIMENTO JURÍDICO

2025

COLEÇÃO FÓRUM
DIREITO CIVIL
E SEUS DESAFIOS CONTEMPORÂNEOS

FÓRUM
CONHECIMENTO JURÍDICO

Luís Cláudio Rodrigues Ferreira
Presidente e Editor

Coordenação editorial: Leonardo Eustáquio Siqueira Araújo / Thaynara Faleiro Malta
Revisão: xxx
Projeto gráfico: Walter Santos
Capa e Diagramação: Formato Editoração

Rua Paulo Ribeiro Bastos, 211 – Jardim Atlântico – CEP 31710-430
Belo Horizonte – Minas Gerais – Tel.: (31) 99412.0131
www.editoraforum.com.br – editoraforum@editoraforum.com.br

Técnica. Empenho. Zelo. Esses foram alguns dos cuidados aplicados na edição desta obra. No entanto, podem ocorrer erros de impressão, digitação ou mesmo restar alguma dúvida conceitual. Caso se constate algo assim, solicitamos a gentileza de nos comunicar através do *e-mail* editorial@editoraforum.com.br para que possamos esclarecer, no que couber. A sua contribuição é muito importante para mantermos a excelência editorial. A Editora Fórum agradece a sua contribuição.

Dados Internacionais de Catalogação na Publicação (CIP) de acordo com ISBD

C678r Cohen, Ana Carolina Trindade Soares
Regime jurídico patrimonial no casamento e na união estável / Ana Carolina Trindade Soares Cohen. Belo Horizonte: Fórum, 2025. (Coleção Fórum DIREITO CIVIL E SEUS DESAFIOS CONTEMPORÂNEOS).
128 p. 14,5x21,5cm
(Coleção Fórum DIREITO CIVIL E SEUS DESAFIOS CONTEMPORÂNEOS)

ISBN impresso 978-85-450-0924-5
ISBN digital 978-85-450-0922-1
ISBN da coleção 978-85-450-0675-6

1. Patrimônio. 2. Casamento. 3. União estável. 4. Regimes de bens. 5. Sucessão hereditária. I. Título.

CDD: 340.56
CDU: 347

Ficha catalográfica elaborada por Lissandra Ruas Lima – CRB/6 – 2851

Informação bibliográfica deste livro, conforme a NBR 6023:2018 da Associação Brasileira de Normas Técnicas (ABNT):

COHEN, Ana Carolina Trindade Soares. *Regime jurídico patrimonial no casamento e na união estável*. Belo Horizonte: Fórum, 2025. XXX p. ISBN 978-85-450-0924-5. (Coleção Fórum DIREITO CIVIL E SEUS DESAFIOS CONTEMPORÂNEOS).

Dedico este livro ao Pedro e à Letícia, para os quais dedico os meus dias e o meu amor.

AGRADECIMENTOS

Todas as minhas conquistas são coletivas, e a conclusão deste livro não seria diferente. Por isso, agradeço àqueles que contribuíram para tornar este projeto possível.

Ao meu esposo, cuja paciência, apoio e encorajamento são sempre fundamentais em todos os meus projetos.

À minha filha, minha escritora mirim, que sempre é a razão de tudo.

A toda a minha família, pelas raízes que me sustentam.

Meus alunos, vocês são a razão pela qual me dedico a este trabalho. A energia e a vivacidade que trazem para nossas aulas me motivam a compartilhar conhecimento. Espero que o que aprendi e escrevi possa ser de ajuda e inspiração para cada um de vocês.

Agradeço ao meu amigo Remi Torres, cuja dedicação e atenção aos detalhes na revisão deste texto contribuíram imensamente para sua clareza e qualidade. Seu olhar crítico e suas sugestões foram inestimáveis.

Um agradecimento especial ao Prof. Marcos Ehrhardt Jr., pela elaboração do prefácio deste livro, que trouxe uma análise profunda e enriquecedora sobre o conteúdo. Agradeço também pela recomendação desta obra para a coleção Direito Civil e Seus Desafios Contemporâneos, o que muito contribuiu para o reconhecimento e a disseminação deste trabalho.

A todos que fazem parte da minha jornada, meu mais sincero agradecimento. Que possamos continuar a aprender e crescer juntos!

SUMÁRIO

COLEÇÃO FÓRUM DIREITO CIVIL E SEUS DESAFIOS CONTEMPORÂNEOS

A vida em sociedade é uma constante mutação nos modos e na intensidade de relações interpessoais cada vez mais fluidas e complexas. Diversidade e pluralidade se tornam um desafio para operadores do direito comprometidos com as diretrizes axiológicas do texto constitucional, num cenário de pouca tolerância e respeito a pontos de vista e escolhas comportamentais e negociais diferentes da maioria.

O direito civil exprime o cotidiano do sujeito comum, do indivíduo que assume funções em seu ambiente familiar, negocial e tem que equilibrar as necessidades de interação e contato social com o respeito a seus valores e visão de mundo, que determinam seu projeto de vida e decisões eminentemente existenciais. A velocidade das mudanças no mundo contemporâneo tem produzido um evidente impacto nos institutos tradicionais da disciplina, que carecem de ressistematização e uma funcionalização atenta aos legítimos interesses das pessoas envolvidas.

O melhor caminho para refletir sobre os desafios de aplicar um conhecimento que era abordado de modo estático numa realidade analógica, a um cenário dinâmico de elevada interação digital, é ter acesso a um acervo de qualidade técnica, elaborado mediante uma pesquisa de fontes exemplar, comprometido com a análise crítica do contexto fático atual e com uma metodologia que privilegia a pessoa e suas necessidades existenciais em detrimento de aspectos puramente patrimoniais.

Com esses objetivos apresenta-se a *Coleção Fórum de Direito Civil e seus Desafios Contemporâneos*, criada com a finalidade de servir como um espaço privilegiado para discussão de um direito civil adequado às demandas do tempo presente. Os livros que forem editados com este selo têm por objetivo abordar temas que necessitam de maior atenção e debate de operadores jurídicos, quer seja por sua inovação, necessidade de revisão de entendimentos clássicos, quer seja pela nova abordagem que sugerem para enfrentamento de questões controversas relevantes para a melhoria da prestação jurisdicional em nosso país. Busca-se reunir uma doutrina útil para novas pesquisas e para servir de fonte preferencial para decisões judiciais, servindo de fundamento para a atuação de advogados, promotores, defensores e magistrados.

Com a criação desta Coleção, a Editora Fórum mais uma vez reafirma seu compromisso com a consolidação e a divulgação de doutrina jurídica de qualidade a seus leitores, garantindo um espaço de excelência para o trabalho de todos aqueles que acreditam na pesquisa jurídica como um dos caminhos para a construção de uma sociedade mais justa e solidária.

Maceió/AL, 21 de abril de 2019.

Marcos Ehrhardt Jr.
Coordenador.

A constante evolução dos estudos sobre o Direito de Família e seus impactos nas relações sucessórias reflete boa parte das transformações sociais e os desafios que emergem da convivência humana. Se viver está cada vez mais difícil, conjugar o verbo conviver, com alguém que se costuma considerar sua "cara-metade", partilhando afetos, alegrias, obrigações e responsabilidades tem sido desafiador num cenário de intensas transformações. No contexto jurídico brasileiro, os aspectos patrimoniais das relações familiares têm sido objeto de intensos debates doutrinários e jurisprudenciais, especialmente no que concerne aos regimes de bens no casamento e na união estável.

A presente obra, fruto de uma extensa pesquisa acadêmica, apresenta uma abordagem aprofundada sobre a temática, trazendo à discussão questões fundamentais para a segurança jurídica das relações patrimoniais. Em um contexto de significativas mudanças normativas e interpretações inovadoras dos tribunais, a necessidade de atualização constante se impõe aos operadores do Direito e aos próprios cidadãos, que buscam compreender os efeitos de suas escolhas patrimoniais. O trabalho de Ana Carolina Trindade Soares Cohen chega à comunidade jurídica no importante momento do debate legislativo sobre a reforma e necessária atualização do Código Civil, que deve ocupar todas as reflexões dos operadores nos próximos anos, pela necessidade de alinhar o texto vigente às novas dinâmicas sociais, consolidando na codificação as decisões judiciais que serviram de baliza para a solução dos impasses patrimoniais familiares em nosso país.

Destaca-se, já na introdução da obra, a preocupação da autora em evidenciar que o relacionamento entre duas pessoas não estabelece apenas uma comunhão de vida fundada no afeto, mas também em solidariedade econômico-financeira e, em grande parte das uniões, patrimônio comum, tornando imperiosa a prévia definição das responsabilidades pessoais e daquilo que eventualmente será constituído em comum.

O livro foi dividido em sete capítulos, iniciando com a apresentação das disposições gerais sobre os regimes de bens disciplinados no Código Civil, apresentando as hipóteses de incidência obrigatória e descrevendo importância do pacto antenupcial para o casamento e contrato de convivência na união estável. A autora se preocupou em detalhar os efeitos da escolha por cada um dos regimes de bens, abordando os efeitos comuns a todos os regimes, mas tomando o cuidado para descrever os atos que não dependem de autorização do consorte, daqueles cuja validade e eficácia dependem de concordância do outro. Esta parte introdutória da obra ainda nos traz referências a regime de bens no casamento com estrangeiro, regras de direito intertemporal e reflexões sobre as possibilidades e requisitos para configuração da usucapião entre ex-cônjuges ou ex-companheiros.

Os capítulos seguintes abordam as especificidades de cada um dos regimes previstos no Código Civil, abordando aspectos essencialmente práticos como, por exemplo, a análise de situações especiais no regime da comunhão parcial de bens tais como hipóteses que envolvem bens financiados, imóveis construídos em terrenos de terceiros (casa do casal construída no terreno dos sogros), valorização das cotas sociais de sociedade empresária e a divisão de verbas trabalhistas pleiteadas por um dos consortes durante o relacionamento. Ana Carolina ainda aborda questões relacionadas à previdência privada, valores depositados em conta do FGTS na constância do relacionamento e o passivo do microempreendedor individual.

O capítulo 6 aborda a liberdade de escolha e a possibilidade de adoção de regime misto, destacando os instrumentos disponíveis para adoção de tal regime, antes de passar, no capítulo 7, aos comentários sobre a escolha do regime de bens como instrumento de planejamento sucessório. Vale também ressaltar o zelo e cuidado da autora com a sistematização dos conteúdos abordados, que ficam bem evidentes com o oferecimento de quadros-resumos ao longo do texto, facilitando a compreensão e consulta pelo leitor.

Dentre os diversos aspectos abordados na obra, destacam-se três pontos essenciais que merecem reflexão. O primeiro diz respeito à liberdade de escolha e à possibilidade de alteração do regime de bens ao longo do casamento ou da união estável, um tema que ganhou relevo nos últimos anos diante de decisões judiciais que flexibilizaram a rigidez normativa anterior. O segundo ponto trata da responsabilidade do cônjuge ou companheiro pela gestão dos bens comuns e particulares, um aspecto fundamental para evitar desequilíbrios patrimoniais e preservar os direitos das partes envolvidas. Por fim, o terceiro e mais atual dos temas discutidos é a repercussão do regime de bens no âmbito sucessório, questão que se tornou central no planejamento patrimonial e sucessório no Brasil.

Além disso, este livro apresenta uma abordagem essencial para aqueles que militam diariamente nas demandas que envolvem aspectos patrimoniais do Direito de Família, abordando questões de forte interesse no cotidiano dos tribunais, como o que a autora denomina "infidelidade patrimonial e/ou financeira", que, segundo ela, "se evidencia, por exemplo, na aquisição de bens em nome de terceiros, na omissão acerca da renda e gastos mensais, na desconsideração da opinião do parceiro sobre decisões que possam impactar as finanças do casal, etc.".

Com uma abordagem embasada em vasta pesquisa doutrinária e jurisprudencial, a autora oferece ao leitor um estudo indispensável para a compreensão das dinâmicas patrimoniais do Direito de Família. Ao convidar o leitor à reflexão sobre os pontos cruciais que permeiam o tema, esta obra se apresenta como um referencial para estudiosos, advogados, magistrados e todos aqueles que buscam segurança jurídica na estruturação e na dissolução das relações familiares.

Que esta leitura seja uma oportunidade de aprofundamento e aprimoramento sobre um tema tão relevante e dinâmico, cuja evolução seguirá moldando os rumos do Direito de Família nos próximos anos.

Marcos Ehrhardt Júnior

Doutor em Direito pela Universidade Federal de Pernambuco (UFPE). Professor de Direito Civil dos cursos de mestrado e graduação da Universidade Federal de Alagoas (UFAL) e do Centro Universitário CESMAC. Editor da *Revista Fórum de Direito Civil* (RFDC). Vice-Presidente do Instituto Brasileiro de Direito Civil (IBDCIVIL). Presidente da Comissão de Enunciados e Vice-presidente da Comissão de Família e Tecnologia do Instituto Brasileiro de Direito de Família (IBDFAM). Associado do Instituto Brasileiro de Estudos em Responsabilidade Civil (IBERC) e Membro Fundador do Instituto Brasileiro de Direito Contratual – IBDCont. Cofundador da Rede de Pesquisas Agendas de Direito Civil Constitucional. E-mail: contato@marcosehrhardt.com.br

FAMÍLIA E PATRIMÔNIO – ATUAL ESTÁGIO

Mesmo tendo como foco a análise do regime jurídico patrimonial que rege as relações familiares, notadamente os aspectos decorrentes do casamento e da união estável, o presente estudo não pode prescindir de destacar o lugar reservado para o patrimônio no atual estágio de desenvolvimento do Direito de Família brasileiro.

Tal *locus* está intimamente relacionado à função que a família tem exercido ao longo da história.

Como bem destaca Paulo Lôbo,[1] "a família sofreu profundas mudanças de função, natureza, composição e, consequentemente, de concepção, sobretudo após o advento do Estado social, ao longo do século XX", passando o Estado a se interessar pelas relações familiares em suas diversas manifestações sociais, e, sobretudo, pela garantia da proteção de seus membros.

O papel do patrimônio sempre foi de destaque no cotejo das variadas funções atribuídas à família. Embora seja o Direito de Família o mais pessoal de todos os ramos do Direito, as funções religiosa, política, econômica e procracional acabaram por dirigir o foco da legislação ao patrimônio, desviando-o das pessoas.[2]

Editados sob a égide do liberalismo burguês, os códigos civis da maioria dos povos ocidentais elevaram a propriedade a pressuposto do Direito Privado, e no âmbito do Direito de Família não foi diferente: as bases da legislação familiarista foram assentadas na família patriarcal e no predomínio da concepção de homem proprietário.

---

1 LÔBO, Paulo. *Direito Civil. Famílias.* 8. ed. São Paulo: Saraiva, 2018, p. 15.

2 *Ibidem*, p. 15.

Após o individualismo preponderante dos últimos séculos, a família atual, por outro lado, tem sua identificação em três pilares básicos: o afeto, a igualdade e a solidariedade.

Neste novo cenário, instaurado no Brasil pela Constituição Federal de 1988, a função econômica da família perde o sentido, pois esta já não mais é tida como uma unidade de produção.

A emancipação feminina e a progressiva redução na quantidade de filhos contribuem para este novo panorama. Ademais, o prestígio constitucional da adoção, a possibilidade de reconhecimento da filiação socioafetiva, bem como das relações homoafetivas como entidades familiares corroboram com o relevo dado à afetividade pela Constituição, de modo que a "realização pessoal da afetividade, no ambiente de convivência e solidariedade, é a função básica da família de nossa época".[3]

Tendo a família se convertido em "espaço de realização da afetividade humana", o que marca o "deslocamento de suas antigas funções para o espaço preferencial de realização dos projetos existenciais das pessoas";[4] e tendo o patrimônio deixado de ser o principal foco de interesse da nossa ordem jurídica civil, por que, então, dedicar esta obra à análise do regime jurídico patrimonial decorrente do casamento e da união estável?

Geralmente, quando se inicia um relacionamento afetivo, o vínculo, os planos, as emoções são tão intensas que as pessoas não param para pensar nas questões patrimoniais que irão permear a relação. Como bem destaca a psicanalista Ana Suy, "a paixão não quer saber da castração, dos limites, da solidão. [...] Na paixão, é de plenitude que se trata, seja de alegria ou de infelicidade, porque a paixão tem horror aos meio-termos, aos mais ou menos, às ponderações. A paixão é sobre tudo ou nada".[5]

De fato, é difícil ponderar, notadamente quando se tratam de questões patrimoniais, muitas vezes envolvidas por tabus.

Por outro lado, é igualmente fato que a escolha do regime de bens no casamento e na união estável é "um mal necessário".

Aliás, os sociólogos apontam que dentre as principais características dos relacionamentos afetivos contemporâneos estão a flexibilidade

---

[3] LÔBO, Paulo. *Direito Civil. Famílias.* v. 5., 8. ed., São Paulo: Saraiva, 2018, p. 18.

[4] *Ibidem*, p. 19.

[5] SUY, Ana. *A gente mira no amor e acerta na solidão.* São Paulo: Paidós, 2022, p. 94.

e a efemeridade, as quais levaram Zygmunt Bauman a denominar o período atual como a era do amor líquido.

Com a simplificação jurídica do divórcio no Brasil desde 2010, que se deu com a edição da Emenda Constitucional nº 66, tornou-se mais fácil e rápido pôr fim ao casamento em razão da vontade de um ou de ambos os consortes. Todavia, bem observou Bauman, "a facilidade do desengajamento e do rompimento (a qualquer hora) não reduzem os riscos, apenas os distribuem de modo diferente, junto com as ansiedades que provocam".[6]

Recente pesquisa do Instituto Brasileiro de Geografia e Estatística (IBGE) revelou que, em 2021, o Brasil teve um total de 386,8 mil divórcios concedidos judicialmente ou realizados de maneira extrajudicial; ou seja, 16,8% a mais que em 2020.

Dentre os muitos motivos que podem levar um casal ao divórcio, uma tendência que tem sido observada é o seu aumento em virtude de problemas trazidos por questões financeiras.

A infidelidade patrimonial e/ou financeira é uma realidade, e se evidencia, por exemplo, na aquisição de bens em nome de terceiros, na omissão acerca da renda e gastos mensais, na desconsideração da opinião do parceiro sobre decisões que possam impactar as finanças do casal, etc.

A legislação brasileira, por outro lado, oferece instrumentos que possibilitam que os parceiros ordenem estas questões de forma clara antes mesmo do casamento/união estável, de acordo com o perfil e anseios de cada casal, bem como observadas as pretensões sucessórias, haja vista que o regime de bens escolhido também pode repercutir na sucessão.

É necessário perceber, portanto, que o relacionamento não estabelece apenas uma comunhão de vida fundada no afeto, mas também em solidariedade econômico-financeira e em patrimônio (neste caso, a depender do regime de bens a ser adotado), tornando indispensável que sejam previamente definidas as responsabilidades, rendas e os bens de cada parceiro, bem como daquilo que eventualmente será constituído em comum.

O compasso com a realidade social é necessário para a efetividade das normas de Direito de Família. A ampla liberdade de constituir

---

6 BAUMAN, Zygmunt. *Amor líquido:* sobre a fragilidade dos laços humanos. Tradução de Carlos Alberto Medeiros. Rio de Janeiro: Zahar, 2004, p. 8.

família, bem como de manter ou não o relacionamento, estabelece novos contornos à autonomia de atribuir efeitos à relação, de modo que a liberdade negocial ganha importância no contexto das relações afetivas.

Não se trata, como adverte Luciana Faisca Nahas, de pretender a negociação do afeto como formador da família, mas as consequências deste afeto no âmbito jurídico pessoal e patrimonial",[7] garantindo uma maior segurança jurídica aos envolvidos.

---

[7] NAHAS, Luciana Faisca. Pacto antenupcial – o que pode e o que não pode constar? Reflexões sobre cláusulas patrimoniais e não patrimoniais. *Revista Jurídica da Escola Superior de Advocacia da OAB/SC*, v. 1, n. 2, Florianópolis, outubro, 2021, p. 69.

CAPÍTULO 1

REGIMES DE BENS NO CASAMENTO E NA UNIÃO ESTÁVEL: CONCEITO E DISPOSIÇÕES GERAIS

1.1 Conceito, vigência, liberdade de escolha e possibilidade de mudança de regime

O regime de bens corresponde a um conjunto de normas que regula as relações patrimoniais entre os cônjuges/companheiros, notadamente quanto à titularidade e à administração dos bens. A escolha do regime de bens também se constitui como uma forma de planejamento sucessório, haja vista a possibilidade de sua repercussão na ordem de vocação hereditária, tal como definida no art. 1.829 do Código Civil.

Em regra, o regime aplicável a cada relacionamento depende da escolha dos parceiros. A regra, portanto, é a da liberdade de escolha, podendo o casal eleger o regime que seja mais adequando ao seu perfil e às suas necessidades (CC, art. 1.639). A escolha pode se dar acerca de um dos regimes previstos em lei, ou, privilegiando ainda mais a autonomia privada, por meio da criação de regimes mistos, em que são contempladas regras de mais de um tipo de regime.

Todavia, em caráter excepcional, a lei impõe o regime de separação de bens, nas hipóteses previstas no art. 1.641 do CC (consoante será abordado no tópico 1.3).

Em se tratando de casamento, o regime de bens escolhido pelos nubentes começa a vigorar a partir da data da celebração do casamento (CC, art. 1.639, §1º). Na união estável, por sua vez, caso os companheiros não tenham firmado contrato escolhendo regime diverso, a comunhão parcial de bens tem início desde que constituída a união. Tendo os companheiros firmado contrato, por meio do qual se optou pela escolha de outro regime, este começa a vigorar a partir de então, não sendo possível, segundo entendimento do STJ, emprestar efeitos retroativos a esta escolha:

> DIREITO CIVIL. IRRETROATIVIDADE DOS EFEITOS DE CONTRATO DE UNIÃO ESTÁVEL. Não é lícito aos conviventes atribuírem efeitos retroativos ao contrato de união estável, a fim de eleger o regime de bens aplicável ao período de convivência anterior à sua assinatura. Inicialmente, registre-se, acerca dos efeitos do contrato de união estável, que doutrinadores renomados sustentam que, na união estável, é possível a alteração, a qualquer tempo, das disposições de caráter patrimonial, inclusive com efeitos retroativos, mediante singelo acordo despido de caráter patrimonial, sob o argumento de que deve prevalecer o princípio da autonomia da vontade. Não obstante essa vertente doutrinária, o art. 1.725 do CC não comporta o referido alcance. Com efeito, o mencionado dispositivo legal autoriza que os conviventes formalizem suas relações patrimoniais e pessoais por meio de contrato e que somente na ausência dele aplicar-se-á, no que couber, o regime de comunhão parcial. Em síntese: enquanto não houver a formalização da união estável, vigora o regime da comunhão parcial, no que couber. [...] Portanto, como o regime de bens entre os cônjuges começa a vigorar desde a data do casamento (§ 1º do art. 1.639 do CC) e a modificação dele somente é permitida mediante autorização judicial requerida por ambos os consortes, apurada a procedência das razões invocadas e ressalvado o direito de terceiros (§ 3º do art. 1.639 do CC), não se vislumbra como o contrato de convivência poderia reconhecer uma situação que o legislador, para o casamento, enuncia a necessidade da intervenção do Judiciário. Até porque, admitir o contrário seria conferir, sem dúvida, mais benefícios à união estável do que ao matrimônio civil, bem como teria o potencial de causar prejuízo a direito de terceiros que porventura tivessem contratado com os conviventes. (REsp 1.383.624-MG, Rel. Min. Moura Ribeiro, julgado em 2/6/2015, DJe 12/6/2015.)

Em decisão de 2021, o STJ reiterou o entendimento acerca da eficácia *ex nunc* do contrato de união estável, mas advertiu para a possibilidade de produção de efeitos retroativos, desde que mediante expressa autorização judicial, aplicando-se, pois, o disposto no art. 1.639, §2º, do CC.

> EMENTA CIVIL. AGRAVO INTERNO NO AGRAVO EM RECURSO ESPECIAL. UNIÃO ESTÁVEL. REGIME DE BENS. CONTRATO COM EFEITOS EX NUNC. DECISÃO MANTIDA. 1. Conforme entendimento desta Corte, a eleição do regime de bens da união estável por contrato escrito é dotada de efetividade *ex nunc*, sendo inválidas cláusulas que estabeleçam a retroatividade dos efeitos patrimoniais do pacto. Precedentes. 2. Agravo interno a que se nega provimento. (AgInt no AREsp 1631112, Rel. Min. Antonio Carlos Ferreira, julgado em 26/10/2021, DJe 14/2/2022.)

No caso, o juízo de primeiro grau julgou improcedente a pretensão de invalidade de cláusula retroativa do regime de bens da união estável consignando que "tendo os litigantes optado por adotar o regime da 'separação total de bens' quando da realização do contrato de convivência, inclusive com efeitos retroativos ao início da união estável, e não tendo restado demonstrado que a autora foi forçada ou ludibriada a fazê-lo, se concluiu ter ela o feito espontaneamente, devendo o pacto continuar a vigorar".

O Tribunal de origem, por sua vez, manteve a sentença, por entender possível a retroatividade de todo o contrato de convivência no caso de previsão expressa em cláusula contratual.

Contudo, como visto, o STJ concluiu que a eleição do regime de bens da união estável por contrato escrito é dotada de eficácia *ex nunc*, sendo inválidas cláusulas que estabeleçam a retroatividade dos efeitos; tendo consignado que a possibilidade de cláusula retroativa sobre o regime de bens, em contrato celebrado entre os conviventes, depende de expressa autorização judicial, nos termos do art. 1.639, § 2º, do CC/2002.

Quanto ao fim da vigência do regime de bens do casamento e da união estável, o Superior Tribunal de Justiça tem orientação firme no sentido de que a separação de fato põe fim à produção de efeitos do regime adotado pelo casal:

> AGRAVO INTERNO NOS EMBARGOS DE DECLARAÇÃO NO AGRAVO EM RECURSO ESPECIAL. CIVIL. DIREITO DE FAMÍLIA. AÇÃO DE DISSOLUÇÃO DE UNIÃO ESTÁVEL. SEPARAÇÃO DE FATO. REGIME MATRIMONIAL DE BENS. [...]. O aresto recorrido está em sintonia com a jurisprudência do Superior Tribunal de Justiça, firmada no sentido de que a separação de fato põe fim ao regime de bens do casamento, motivo pelo qual os cônjuges não têm mais direito à meação dos bens adquiridos pelo outro. 3. Agravo interno não provido.

(Agint nos Edcl no Aresp 1408813/SP, Rel. Min. Ricardo Villas Bôas Cueva, julgado em 16/12/2019.)

Também nesse sentido o Enunciado 02 do Instituto Brasileiro de Direito de Família – IBDFAM, segundo o qual "a separação de fato põe fim ao regime de bens e importa extinção dos deveres entre cônjuges e entre companheiros".

O critério da separação de fato, inclusive, é também o marco para determinar o fim da legitimação do cônjuge para suceder.

Trata-se de aspecto que gera controvérsias práticas, pois, por vezes, o sujeito está separado de fato, sem que tenha promovido o divórcio, e constitui união estável com a qual mantém vínculo até o seu falecimento. Neste caso, é importante destacar que o cônjuge que se encontra separado de fato não tem direito ao recebimento dos bens havidos pelo outro a título de herança.[8]

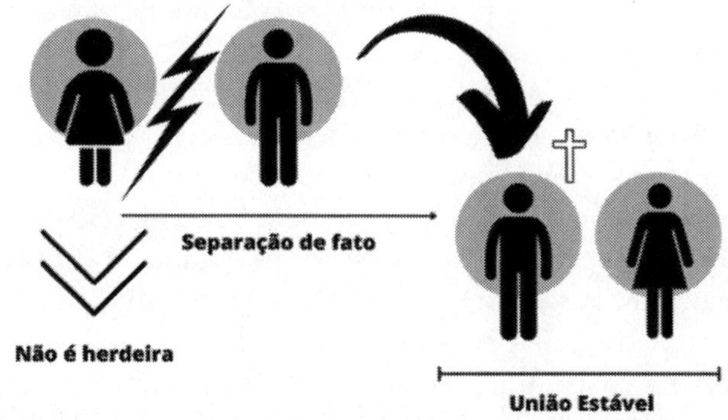

Portanto, com o fim da convivência, o casamento deixa de produzir efeitos jurídicos, ainda que não haja decisão judicial ou escritura pública de divórcio.

O mesmo se diga quanto à união estável, cujo regime de bens igualmente deixa de produzir efeitos com a separação dos companheiros.

---

[8] "DIREITO CIVIL. FAMÍLIA. SUCESSÃO. COMUNHÃO UNIVERSAL DE BENS. SUCESSÃO ABERTA QUANDO HAVIA SEPARAÇAO DE FATO. IMPOSSIBILIDADE DE COMUNICAÇÃO DOS BENS ADQUIRIDOS APÓS A RUPTURA DA VIDA CONJUGAL. 1. O cônjuge que se encontra separado de fato não faz jus ao recebimento de quaisquer bens havidos pelo outro por herança transmitida após decisão liminar de separação de corpos. 2. Na data em que se concede a separação de corpos, desfazem-se os deveres conjugais, bem como o regime matrimonial de bens; e a essa data retroagem os efeitos da sentença de separação judicial ou divórcio. 3. Recurso especial não conhecido." (REsp 1065209/SP, Rel. Min. João Otávio de Noronha. 4ª T, julgado em 8/6/2010, DJe 16/6/2010.)

Vigência do Regime de Bens no Casamento

Início: a partir da data do casamento (CC, art. 1.639, § 1º)

Fim: com a separação de fato (STJ)

Vigência do Regime de Bens na União Estável

Início: com a constituição da União Estável.
Obs.: O contrato de UE produz efeitos *ex nunc*, sendo inválida cláusula que preveja retroatividade dos efeitos (a menos que haja expressa autorização judicial - STJ).

Fim: com a separação.

Uma inovação trazida pelo Código Civil de 2002 foi a possibilidade de mudança de regime. De acordo com o art. 1.639, §2º, é possível a alteração, mediante decisão judicial, em pedido motivado de ambos os cônjuges, verificada a procedência das razões, e ressalvados os direitos de terceiros.

Consoante o art. 734 do CPC, a alteração do regime poderá ser requerida, motivadamente, em petição assinada por ambos os cônjuges, na qual serão expostas as razões que justificam a alteração.

Haja vista os eventuais interesses de terceiros, ao receber a petição inicial, o Judiciário determinará a intimação do Ministério Público e a publicação de edital que divulgue a pretendida alteração de regime, somente podendo decidir após decorrido o prazo de trinta dias da publicação do edital (CPC, art. 734, §1º).

Na petição inicial, ou em petição avulsa, os cônjuges poderão propor ao juiz meio alternativo de divulgação da alteração do regime, também com vistas a resguardar direitos de terceiros (CPC, art. 734, §2º).

Após o trânsito em julgado da sentença que deferir a alteração, serão expedidos mandados de averbação aos cartórios de registro civil e de imóveis, e, caso qualquer dos cônjuges seja empresário, ao Registro Público de Empresas Mercantis e Atividades Afins (CPC, art. 734, §3º).

A sentença produz efeitos *ex nunc;* contudo, em abril de 2023, a 4ª Turma do STJ (REsp 1.671.422) decidiu que a alteração do regime de bens do casamento pode produzir efeitos retroativos – eficácia *ex tunc.*

Um casal procurou o Judiciário pleiteando a modificação do regime de bens do casamento de separação total para comunhão universal. Para tanto, alegaram que o regime não mais atendia aos seus interesses, já que a relação se consolidou e ambos construíram o patrimônio juntos.

Nas instâncias de origem, entendeu-se que a alteração do regime de bens deferida tem eficácia a partir do trânsito em julgado, com efeitos "*ex nunc*" (não retroativos).

Porém, para a 4ª turma, se a retroatividade é benéfica para a coletividade, não prejudica terceiros nem produz desequilíbrio deve ser admitida.

Trata-se, portanto, de relevante precedente. Necessário destacar, entretanto, que a retroatividade não é a regra, devendo ser observadas as particularidades do caso concreto, e os requisitos acima expostos.

Efeitos da alteração do Regime de Bens no Casamento

Embora o Código não trate da possibilidade de mudança no caso da união estável, esta é possível por meio de contrato. Nesta hipótese, como a lei não exige nenhuma solenidade, entendemos que o instrumento particular é suficiente para tal fim (embora a escritura pública seja recomendável, notadamente se o casal tiver bens imóveis).

Relevante acordar, consoante já assinalado, que o novo regime adotado produz efeitos *ex nunc,* sendo excepcional a produção de efeitos retroativos, desde que mediante decisão judicial, aplicando-se, segundo o STJ, o disposto no art. 1.639, §2º, do CC.

Efeitos da alteração do Regime de Bens na União Estável

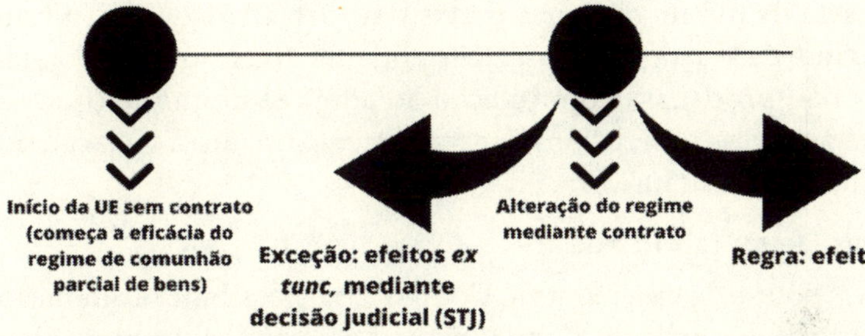

Necessário destacar que a alteração do regime, quer seja no casamento, quer seja na união estável, não pode se dar em prejuízo a terceiros que eventualmente tenham firmado negócios jurídicos com o casal.

Ademais, não há prazo mínimo, após o casamento ou o início da união estável, para que se possa promover a mudança de regime.

Por fim, podemos sintetizar estes aspectos gerais acerca dos regimes de bens nos seguintes princípios:

a) Princípio da autonomia privada ou princípio da liberdade de escolha

Decorre da liberdade e da garantia da dignidade humana. Constitui-se no direito de autorregulamentar, na liberdade de escolha do regime, e, inclusive, na possibilidade de cominar regras de mais de um regime, desde que observadas as normas cogentes.

Nesse sentido, o Enunciado nº 331 da IV Jornada de Direito Civil (2006): "o estatuto patrimonial do casal pode ser definido por escolha de regime de bens distinto daqueles tipificados no Código Civil (art. 1.639 e parágrafo único do art. 1.640), e, para efeito de fiel observância do disposto no art. 1.528 do Código Civil, cumpre certificação a respeito, nos autos do processo de habilitação matrimonial".

b) Princípio da indivisibilidade do regime de bens

Embora seja possível a criação de regime de bens misto, combinando regras de mais de um regime previsto em lei, "não é possível fracionar os regimes em relação aos cônjuges",[9] de modo que o regime é único para ambos.

Nesse sentido, "será nulo o pacto antenupcial que determinar o regime da comunhão universal de bens para o marido e o da separação de bens para a esposa",[10] por exemplo.

Todavia, é possível vislumbrar exceção a este princípio, quando se trata dos efeitos do casamento putativo em que apenas um dos cônjuges está de má-fé, tal como previsto no art. 1.561 do CC. Neste caso, o regime de bens produzirá efeitos quanto ao cônjuge de boa-fé, enquanto não produzirá com relação ao cônjuge de má-fé (que se submeterá às regras obrigacionais, notadamente quanto à vedação do enriquecimento sem causa).

c) Princípio da mutabilidade

Na hipótese de casamento, o Código Civil possibilita a alteração do regime de bens, mediante autorização judicial, em pedido motivado[11] de ambos os nubentes, observada a procedência das razões invocadas, e desde que ressalvados os direitos de terceiros.

A ação de alteração do regime segue jurisdição voluntária, cuja competência para apreciação é da Vara de Família (o procedimento é previsto no art. 734 do CPC/2015).

Quando se trate de união estável, conforme já assinalado, embora o CC não aborde expressamente a possibilidade de mudança, esta é possível por meio de contrato.

Seja no casamento, seja na união estável, a mudança de regime, em regra, produz efeitos *ex nunc*.

1.2 Como escolher o regime de bens? O pacto antenupcial e o contrato de união estável

O pacto antenupcial é obrigatório, caso os nubentes desejem adotar regime matrimonial diverso da comunhão parcial de bens (CC, art. 1.640, parágrafo único).

---

9 TARTUCE, Flávio. *Direito civil:* Direito de Família. 19. ed. Rio de Janeiro: Forense, 2024. p. 127 (ePUB).

10 *Ibidem*, p. 127 (ePUB).

11 Observa Flávio Tartuce que esse justo motivo "constitui uma cláusula geral, a ser preenchida pelo juiz caso a caso, à luz da operabilidade. Para o seu devido preenchimento devem ser levados em conta interesses subjetivos das partes, bem como questões objetivas relativas ao ordenamento jurídico." *Ibidem*, p. 128 (ePUB.)

Deve ser realizado por meio de escritura pública, perante um Tabelionato de Notas, sob pena de nulidade. Por outro lado, será ineficaz se não lhe seguir o casamento (CC, art. 1.653).

Deste modo, o pacto – que tem natureza de negócio jurídico bilateral – deve ser realizado antes do casamento, na fase de habilitação, e a escritura deve ser anexada aos documentos necessários para a realização desta.

Sem a realização do pacto, por força de lei, será aplicado o regime de comunhão parcial de bens, chamado de "regime legal", "dispositivo", ou "regime supletivo".

O pacto antenupcial é espaço de exercício da autonomia dos nubentes, que terão liberdade para estruturar o regime de bens, podendo mesclar tipos, restringir ou ampliar efeitos de determinadas regras, "desde que não constitua expropriação disfarçada de bens por um contra outro ou ameaça a crédito de terceiro, ou fraude à lei, ou contrariedade aos bons costumes".[12]

Nesse sentido, o pacto não pode conter disposições contrárias às regras gerais previstas em lei a quaisquer dos regimes eleitos; e se na escritura pública constar a referência apenas ao tipo de regime escolhido, este será aplicado integralmente de acordo com a forma prevista no Código Civil.

Ainda com relação ao seu conteúdo, muito se discutiu na doutrina acerca da possibilidade de previsão de cláusulas existenciais.

De acordo com o Enunciado 635 da VIII Jornada de Direito Civil, do Conselho da Justiça Federal, o pacto antenupcial e o contrato de convivência podem conter cláusulas existenciais, desde que estas não violem os princípios da dignidade da pessoa humana, da igualdade entre os cônjuges e da solidariedade familiar.

Tal conclusão decorre da interpretação do disposto no art. 1.655 do Código Civil, segundo o qual é nula a convenção ou cláusula do pacto antenupcial que contravenha disposição absoluta de lei, não fazendo o Código qualquer outra restrição ao seu conteúdo.

Assim, com vistas a demonstrar de forma objetiva a ampla possibilidade de conteúdo do pacto antenupcial (e também do contrato de união estável, consoante se verá a seguir), vejamos a tabela abaixo, que divide o conteúdo em patrimonial e existencial (ou não patrimonial), evidenciando, de forma exemplificativa, os tipos de cláusulas que podem ser pactuadas:

---

[12] LÔBO, Paulo. *Direito Civil. Famílias.* 14. ed. São Paulo: Saraiva, 2024, p. 155 (ePUB).

(continua)

Conteúdo do pacto antenupcial e do contrato de UE	
Patrimonial	**Existencial**[13]
Definição do regime de bens	Reconhecimento de união estável anterior ao casamento
Opção por regime de bens misto (mesclando regras dos regimes existentes)	Cláusula de não manutenção do sobrenome do outro
Doação ou promessa de doação entre os cônjuges/companheiros[14]	Cláusula indenizatória por violação aos deveres conjugais[15]

[13] A doutrina não é uníssona acerca da possibilidade de previsão de cláusulas de conteúdo não patrimonial no pacto. Para Paulo Lôbo, por exemplo, "só se admite no pacto a regulação do regime de bens, não podendo cuidar de relações pessoais entre os cônjuges" (LÔBO, Paulo. *Direito Civil. Famílias.* 14. ed. São Paulo: Saraiva, 2024, p. 155 (ePUB)). Importante destacar que nossa legislação não veda a existência de conteúdo extrapatrimonial no pacto, a despeito ter inserido sua regulamentação no "Título II" do Código Civil, que trata "Do Direito Patrimonial". Todavia, a nosso ver, este locus não deve ser impeditivo para a inserção de aspectos existenciais; notadamente por ser o pacto antenupcial um relevante instrumento de prevenção de conflitos entre os cônjuges.

[14] RECURSO ESPECIAL. DIREITO DE FAMÍLIA. AÇÃO COMINATÓRIA. OUTORGA DE ESCRITURA DA NUA-PROPRIEDADE DE IMÓVEL OBJETO DE PROMESSA DE DOAÇÃO CELEBRADA MEDIANTE PACTO ANTENUPCIAL. EXIGIBILIDADE DA OBRIGAÇÃO. TRANSAÇÃO POSTERIOR. EFEITOS. SÚMULA 05/STJ. 1. Controvérsia em torno da validade e eficácia de negócio jurídico celebrado entre partes, mediante escritura pública de pacto antenupcial, na qual o réu assumiu o compromisso de doar imóvel à autora, posteriormente substituído por outro bem imóvel (apartamento). [...] Impossibilidade de revisão das conclusões da Corte local referentes à validade e eficácia da transação efetivada entre as partes por exigir análise de matéria fático-probatória e nova interpretação de cláusulas contratuais. Incidência dos enunciados das Súmulas nº 05 e 07/STJ. 4. Hipótese dos autos em que a liberalidade não animou o pacto firmado pelas partes, mas sim as vantagens recíprocas e simultâneas que buscaram alcançar a aquiescência de ambos ao matrimônio e ao regime de separação total de bens, estabelecendo o compromisso de doação de um determinado bem à esposa para o acertamento do patrimônio do casal. 5. Aplicação analógica da tese pacificada pela Segunda Seção no sentido da validade e eficácia do compromisso de transferência de bens assumidos pelos cônjuges na separação judicial, pois, nestes casos, não se trataria de mera promessa de liberalidade, mas de promessa de um fato futuro que entrou na composição do acordo de partilha dos bens do casal. (EREsp n. 125859/RJ, Rel. Ministro Ruy Rosado de Aguiar, Segunda Seção, DJ 24.3.2003). 6. Precedentes específicos desta Corte. 7. RECURSO ESPECIAL DESPROVIDO. (REsp 1355007/SP, Rel. Ministro PAULO DE TARSO SANSEVERINO, TERCEIRA TURMA, julgado em 27.6.2017, DJe 10.8.2017). No mesmo sentido, STJ – EREsp 125859-RJ, REsp 742048-RS, REsp 853133-SC, REsp 1537287-SP.

[15] Embora a violação dos deveres conjugais previstos no art. 1.566 do CC não seja mais utilizada como fundamento para o fim da sociedade conjugal, ela pode justificar pedido de indenização por dano moral, de modo que vem se concluindo acerca da possibilidade de fixação, mediante pacto, do dever de indenizar nestes casos. No início de 2023, inclusive, o juízo de Direito da Vara de Registros Públicos de Belo Horizonte reconheceu a validade de pacto antenupcial que previa cláusula de multa no valor de R$ 180.000,00 (cento e oitenta mil reais) em caso de infidelidade (Disponível em: https://www.tjmg.jus.br/portal-tjmg/noticias/justica-autoriza-pacto-antenupcial-com-multa-de-r-180-mil-em-caso-de-infidelidade.htm).

(conclusão)

Conteúdo do pacto antenupcial e do contrato de UE	
Patrimonial	**Existencial**
Indenização ao fim do casamento/união estável[16]	Cláusula de privacidade: fixação de limites à exposição da vida conjugal e de familiares em redes sociais
Cláusula afastando a incidência da Súmula 377 do STF[17]	Fixação antecipada dos alimentos (quanto aos critérios de fixação de valor, bem como com relação a prazo de pagamento, já que a obrigação de pagar, em si, é matéria de ordem pública, e, portanto, indisponível, não podendo haver negociação quanto a este ponto, especificamente.)[18]
	Cláusula de mediação
	Cláusula de arbitragem (caso o eventual litígio seja restrito a questões patrimoniais)

[16] Tal possibilidade não é pacífica na doutrina. Nelson Rosenvald e Cristiano Chaves de Farias, por exemplo, entendem ter a indenização natureza de cláusula penal, o que não lhes parece admissível nos contratos antenupciais, cujo objeto é específico. Entendem, assim, que são nulas as cláusulas que estabelecem prévias indenizações, a que título for (FARIAS, Cristiano Chaves de; ROSENVALD, Nelson. *Curso de direito civil – Famílias*. 5. ed. Salvador: Juspodivm, 2013, p. 371-372). Por outro lado, Luciana Faisca Nahas sustenta que a sua natureza não lhe parece de cláusula penal, "visto que o rompimento do casamento é um direito potestativo", de modo que a indenização se trataria de uma mera liberalidade ajustada entre as partes; podendo "ser classificada como doação em pecúnia ao fim do casamento, de quantia previamente estipulada em dinheiro, condicionada ou não à durabilidade deste e, portanto, sujeita às mesmas limitações e regramentos relativos às doações". NAHAS, Luciana Faisca. Pacto antenupcial – o que pode e o que não pode constar? Reflexões sobre cláusulas patrimoniais e não patrimoniais. *Revista Jurídica da Escola Superior de Advocacia da OAB/SC*, v. 1, n. 2, Florianópolis, outubro, 2021, p. 72). Francisco Cahali defender ser "viável o estabelecimento de cláusula fixando previamente indenização em caso de eventual rompimento da relação". Salienta que esta indenização "pode ter como causa o rompimento voluntário e imotivado, ou a dissolução culposa da relação, de acordo com o que restar contratualmente previsto pelas partes" (CAHALI, Francisco José. Contrato de convivência na união estável. São Paulo: Saraiva, 2002, p. 244).

[17] Apesar de o art. 1.641 do CC estabelecer a imposição do regime de separação de bens nas hipóteses nele previstas, a Súmula 377 do STF dispõe que no regime de separação legal (obrigatória), comunicam-se os bens adquiridos na constância do casamento. A incidência desta súmula aproxima os regimes de separação obrigatória e comunhão parcial de bens, tornando sem sentido a imposição legal. Não obstante a crítica da doutrina e o incentivo à revogação da súmula, as decisões judiciais continuam promovendo a sua aplicação. Deste modo, quando as partes não desejem nenhuma comunicabilidade dos bens, é possível afastá-la por meio de cláusula no pacto antenupcial. Frise-se que, neste caso, as partes não se casam sob o regime de separação convencional, ao firmar o pacto, mas sob o regime de separação obrigatória (que se dá por força de lei), servindo o pacto para afastar a incidência da súmula.

[18] Igualmente não se admite cláusula de renúncia prévia de alimentos no pacto antenupcial, pois viola norma de ordem pública.

Quanto à eficácia do pacto, como visto, esta depende da realização do casamento (CC, art. 1.653). Em se tratando de casamento de adolescentes, a eficácia é condicionada à aprovação dos representantes legais (esta aprovação não se confunde com a autorização para o casamento em si), salvo no caso de hipótese de imposição do regime de separação de bens (art. 1.654).

Ademais, para que as disposições pré-nupciais produzam efeitos perante terceiros, precisam ser registradas, em livro especial, pelo oficial do Registro de Imóveis do domicílio dos cônjuges (CC, art. 1.657).

Destaque-se, ainda, que, de acordo com o art. 979 do CC, se um dos nubentes for empresário, o pacto também deverá ser arquivado e averbado perante o Registro Público de Empresas Mercantis.

Por outro lado, quando se trata de constituição de união estável, prevê o art. 1.725 que, salvo contrato escrito entre os companheiros, aplica-se às relações patrimoniais, no que couber, o regime de comunhão parcial de bens.

De ver-se, pois, que caso os companheiros queiram adotar regime diverso da comunhão parcial, o instrumento adequado para tanto é o contrato de união estável, também chamado de contrato ou escritura de convivência.

A lei não exige nenhuma formalidade para a realização deste contrato, de modo que os conviventes podem optar por firmá-lo mediante instrumento particular ou público. Todavia, não obstante a inexistência de imposição legal acerca da forma, entendemos ser recomendável a forma pública, para fins de segurança quanto a eventuais discussões que digam respeito à sua eficácia.[19]

Quanto ao conteúdo do contrato de união estável, aplica-se, por analogia, o disposto no art. 1.655 do CC, segundo o qual é nula a convenção ou cláusula que contravenha disposição absoluta de lei.

Deste modo, assim como já destacamos quanto ao pacto antenupcial, também no contrato de união estável não é possível aos companheiros estabelecer renúncia prévia a eventual prestação alimentícia, pois, "sendo o dever de sustento, previsto no art. 1.724 de nossa codificação

---

[19] Nesse sentido, também Rolf Madaleno, para quem "não há exigência de forma especial para a declaração de vontade (CC, arts. 107 e 1.725), sendo livre a escolha do contrato particular ou público, embora o último seja mais seguro, na hipótese de discussão judicial acerca da eficácia do negócio jurídico" (MADALENO, Rolf. *Manual de Direito de Família*. Rio de Janeiro: Forense, 2017, p. 464-465).

civil, um dos deveres impostos ao relacionamento, é nula qualquer disposição em sentido contrário."[20]

Nesse sentido, inclusive, já decidiu o Tribunal de Justiça do Rio Grande do Sul:

> Agravo de instrumento. Ação de alimentos. União estável. Alimentos provisórios à ex-companheira. Contrato de convivência, com cláusula de renúncia a eventuais futuros alimentos. Invalidade. 1. Os alimentos entre cônjuges e companheiros têm base jurídica no dever de mútua assistência, colaboração recíproca essa que, cessada a convivência, transmuda-se em alimentos. 2. No caso, os litigantes firmaram contrato de união estável em novembro de 2009, expressa e antecipadamente renunciando a qualquer ajuda material, a título de alimentos. 3. No entanto, não é admitido nos contratos de convivência o afastamento de deveres tradicionalmente essenciais à vida conjugal [...] (TJRS, AI n.º 70070449038, Relator: Luiz Felipe Brasil Santos, 8ª Câm. Cível, julg. 27/10/2016).

Por fim, embora não haja imposição legal, com vistas a garantir uma maior segurança aos conviventes, é recomendável que estes promovam a averbação do contrato no registro de imóveis em que estiverem cadastrados os bens comuns (ainda que o bem esteja em nome de apenas um dos companheiros). Com esta medida, busca-se evitar alienação de bem comum sem a concordância do companheiro.

1.3 Regime legal obrigatório: em quais hipóteses a lei impõe o regime de separação de bens?

Consoante já assinalado, em regra, os nubentes têm liberdade para escolher o regime de bens mais adequado às suas necessidades. Contudo, em determinadas circunstâncias previstas em lei, estes não terão esta autonomia, impondo-se o regime de separação de bens.

Salienta Paulo Lôbo que tal imposição se caracteriza como um ônus, um encargo que "a pessoa deve suportar se decidir por determinado ato". Nesse sentido, os sujeitos são livres para praticar o ato jurídico, mas, se o fizerem, o ônus recairá: "a pessoa, incluída em alguma

[20] ROSA, Conrado Paulino da. *Direito de Família Contemporâneo*. 7. ed., Salvador: Juspodivm, 2020, p. 153.

das três hipóteses legais, escolhe entre casar e não casar; se prefere casar, deverá suportar o ônus do regime obrigatório de bens".[21]

Tais hipóteses estão previstas no art. 1.641 do Código Civil, de modo que é obrigatório o regime da separação no casamento das pessoas que o contraírem com inobservância das causas suspensivas da celebração do casamento; da pessoa maior de 70 (setenta) anos; e de todos os que dependerem, para casar, de suprimento judicial.

A primeira hipótese se refere às pessoas que não observaram as causas suspensivas do casamento, as quais se caracterizam por se tratar de situações que não o impedem nem o invalidam, mas têm a finalidade de inibi-lo. Trata-se de circunstâncias temporárias, diante das quais o código prevê que as pessoas não devem se casar. Por meio das causas suspensivas, busca-se evitar determinados conflitos de interesses que possam vir a existir em virtude casamento.

Para tanto, prevê o Código Civil, no art. 1.523, que não deve se casar: I – o viúvo ou a viúva que tiver filho do cônjuge falecido, enquanto não fizer inventário dos bens do casal e der partilha aos herdeiros; II – a viúva, ou a mulher cujo casamento se desfez por ser nulo ou ter sido anulado, até dez meses depois do começo da viuvez, ou da dissolução da sociedade conjugal; III – o divorciado, enquanto não houver sido homologada ou decidida a partilha dos bens do casal; IV – o tutor ou o curador e os seus descendentes, ascendentes, irmãos, cunhados ou sobrinhos, com a pessoa tutelada ou curatelada, enquanto não cessar a tutela ou curatela e não estiverem saldadas as respectivas contas.

A imposição do regime de separação de bens pode ser afastada caso os nubentes demonstrem perante o juiz a inexistência de prejuízo para aqueles que são tutelados pela lei, no caso, o herdeiro (inc. I), o ex-cônjuge (inc. III) e a pessoa tutelada ou curatelada (inc. IV). Na hipótese do inc. II é igualmente possível afastar a imposição, demonstrando que a nubente não está grávida; que o prazo de dez meses já se exauriu; ou provando-se o nascimento do filho.

A segunda circunstância que implica a obrigatoriedade do regime de separação de bens refere-se ao nubente com idade superior a 70 anos. Basta que um dos nubentes supere esta idade para que incida a imposição.

Não obstante a doutrina convirja no sentido de se tratar de norma inconstitucional, por ser atentatória ao "princípio da dignidade da

[21] LÔBO, Paulo. *Direito Civil. Famílias*. 14. ed. São Paulo: Saraiva, 2024, p. 157 (ePUB).

pessoa humana, por reduzir sua autonomia como pessoa e constrangê-lo a tutela reducionista, além de estabelecer restrição à liberdade de contrair matrimônio",[22] o Superior Tribunal de Justiça vem reiteradamente aplicando tal disposição normativa.

Ademais, embora o *caput* do art. 1.641 se refira a casamento, o STJ vem aplicando a restrição também quanto às pessoas com mais de 70 anos que iniciem união estável.[23]

Contudo, há precedente do STJ que afasta a imposição quando o casamento é precedido de longo relacionamento em união estável, "iniciado quando os cônjuges não tinham restrição legal à escolha do regime de bens".[24]

Também nesse sentido o Enunciado 261 da III Jornada de Direito Civil: "a obrigatoriedade do regime da separação de bens não se aplica a pessoa maior de sessenta anos, quando o casamento for precedido de união estável iniciada antes dessa idade".[25]

Em julgado de 1.2.2024 (ARE 1.309.642 – Tema de Repercussão Geral 1.236),[26] o Supremo Tribunal Federal decidiu que, nos casamentos e uniões estáveis de pessoa com mais de 70 anos, o regime de separação obrigatória de bens pode ser alterado pela vontade das partes, por meio de escritura pública firmada em cartório.

Ainda segundo o STF, se as pessoas acima dessa idade que já estejam casadas ou convivendo em união estável desejarem, podem

---

22 LÔBO, Paulo. *Direito Civil. Famílias.* 14. ed. São Paulo: Saraiva, 2024, p. 158 (ePUB). Destaca Paulo Lôbo que, "além de sua inconsistência moral e inconstitucional, a norma que impede aos maiores de 70 anos a liberdade de escolha do regime de bens cria, indiretamente, uma incapacidade de exercício de direito, sem o devido processo legal. A idade avançada, por si só, não é geradora de incapacidade civil. A norma é preconceituosa, na medida em que inibe o direito ao amor, ao afeto matrimonial e à expressão plena dos sentimentos da pessoa idosa. Historicamente, essa norma radica na primazia do interesse patrimonial sobre o interesse existencial e a realização do projeto de vida de cada um. A difusão vulgar do chamado 'golpe do baú' mascara o preconceito contra o idoso, que seria tido como incapaz de reagir à paixão, além de supor que toda pessoa que dele se aproxime não o faz motivado pelo afeto, mas pelo interesse material".

23 Tal entendimento contraria regra geral de interpretação segundo a qual normas restritivas de direitos devem ser interpretadas de forma estrita. O entendimento foi esposado, por exemplo, no REsp 1403419/MG, Rel. Min. Ricardo Villas Bôas Cueva, 3ª T, DJe 14.11.2014.

24 STJ. REsp 1.318.281, Rel. Maria Isabel Gallotti, 4ª T, Julg. 1.12.2016.

25 O enunciado foi elaborado antes da alteração promovida pela Lei nº 12.344/2010, que alterou a idade para 70 anos.

26 Tese de repercussão geral fixada para Tema 1.236: "Nos casamentos e uniões estáveis envolvendo pessoa maior de 70 anos, o regime de separação de bens previsto no artigo 1.641, II, do Código Civil, pode ser afastado por expressa manifestação de vontade das partes mediante escritura pública".

alterar o regime de bens, mediante decisão judicial (no caso de casamento) ou escritura pública (em caso de união estável); produzindo a alteração efeitos não retroativos.

A conclusão do Supremo parte do respeito à autodeterminação da pessoa idosa, no sentido de que pessoas capazes para praticar os atos da vida civil não deveriam ser impedidas de definir qual o regime de bens mais adequado para seu casamento ou união estável.

A terceira hipótese de imposição do regime de separação de bens refere-se àqueles que dependem de suprimento judicial para casar, tal como o menor que não teve a autorização de ambos os genitores para o casamento (consoante previsto nos arts. 1.517 e 1.519 do CC). Havendo autorização de ambos os genitores, o menor poderá casar optando por qualquer dos regimes de bens.

Ultrapassadas as hipóteses do art. 1.641, necessário destacar que o Supremo Tribunal Federal mitiga os efeitos da imposição do regime de separação de bens, ao considerar que, como os cônjuges não tiveram a possibilidade de escolha do regime, não obstante a lei imponha a separação, comunicam-se os bens adquiridos na constância do casamento.

O entendimento é expresso por meio da Súmula 377, de modo que, "embora a ideia do legislador tenha sido da criação de duas massas patrimoniais independentes – sem haver aquestos nem meação – em razão da falta de opção dos nubentes, haverá a comunicação do patrimônio adquirido na constância da união".[27]

Nesse contexto, por força da Súmula do STF, haverá uma divisão do patrimônio amealhado durante o casamento, tal como acontece no regime de comunhão parcial de bens, podendo formar-se três massas patrimoniais: as dos bens particulares de cada cônjuge (adquiridos antes do casamento) e a dos bens comuns do casal (constituídos durante o casamento).

Quanto à constituição dos bens comuns, as decisões do STJ divergiam na aplicação da Súmula 377 do Supremo, pois existiam julgados que exigiam prova do esforço comum na aquisição dos bens,[28] bem

---

[27] ROSA, Conrado Paulino da. *Direito de família contemporâneo*. 7. ed., Salvador: Juspodivm, 2020, p. 277.

[28] "RECURSO ESPECIAL. DISSOLUÇÃO DE UNIÃO ESTÁVEL. PARTILHA DE BENS. COMPANHEIRO SEXAGENÁRIO. SÚMULA 377 DO STF. BENS ADQUIRIDOS NA CONSTÂNCIA DA UNIÃO ESTÁVEL QUE DEVEM SER PARTILHADOS DE FORMA IGUALITÁRIA. DEMONSTRAÇÃO DO ESFORÇO COMUM DOS COMPANHEIROS PARA LEGITIMAR A DIVISÃO [...]" (EREsp 1171820/PR, Rel. Min. Raul Araújo, 2ª Seção, DJe 21.9.2015). Também nesse sentido: "[...] 2. No regime de separação obrigatória, apenas

como havia precedente admitindo a comunicação dos bens independentemente da demonstração de esforço comum, desde que adquiridos a título oneroso.[29]

No julgamento dos Embargos de Divergência no REsp nº 1.623.858/MG, a Segunda Seção do STJ consolidou o entendimento de que, para haver a incidência da Súmula 377 do STF, há a necessidade de demonstração de esforço comum:

> EMBARGOS DE DIVERGÊNCIA NO RECURSO ESPECIAL. DIREITO DE FAMÍLIA. UNIÃO ESTÁVEL. CASAMENTO CONTRAÍDO SOB CAUSA SUSPENSIVA. SEPARAÇÃO OBRIGATÓRIA DE BENS (CC/1916, ART. 258, II; CC/2022, ART. 1.641, II). PARTILHA. BENS ADQUIRIDOS ONEROSAMENTE. NECESSIDADE DE PROVA DO ESFORÇO COMUM. PRESSUPOSTO DA PRETENSÃO. MODERNA COMPREENSÃO DA SÚMULA 377/STF. EMBARGOS DE DIVERGÊNCIA PROVIDOS. 1. Nos moldes do art. 1.641, II, do Código Civil de 2002, ao casamento contraído sob causa suspensiva, impõe-se o regime da separação obrigatória de bens. 2. No regime de separação legal de bens, comunicam-se os adquiridos na constância do casamento, desde que comprovado o esforço comum para sua aquisição [...] (Rel. Min. Lázaro Guimarães, julgado em 23.5.2018, DJe 30.05.2018).

O julgado destacou que tal interpretação se trata de uma releitura da antiga Súmula 377 do STF, editada com o intuito de interpretar o art. 259 do CC/1916, ainda na época em que cabia ao Supremo decidir acerca da interpretação da legislação federal, o que atualmente cabe ao STJ.

Entendemos ser a interpretação mais acertada, uma vez que presumir esforço comum nas hipóteses em que a lei impõe regime de separação de bens implica completa oposição às razões legislativas, notadamente porque, neste caso, não se trataria de separação de bens,

---

se comunicam os bens adquiridos na constância do casamento pelo esforço comum, sob pena de se desvirtuar a opção legislativa, imposta por motivo de ordem pública [...]" (REsp 1403419/MG, Rel. Min. Ricardo Villas Bôas Cueva, 3ª T; DJe 14.11.2014).

29 "[...] O regime de separação obrigatória de bens entre os sexagenários deve ser flexibilizado em razão da Súmula nº 377/STF, comunicando-se todos os bens adquiridos, a título oneroso, na constância da relação, independentemente da demonstração do esforço comum dos cônjuges [...]" (REsp1593663/DF, Rel. Min. Ricardo Villas Bôas Cueva, 3ª T, DJe 20/9/2016). No mesmo sentido: "[...] no regime da separação obrigatória, comunicam-se os bens adquiridos onerosamente na constância do casamento, sendo presumido o esforço comum (Súmula n. 377/STF) [...]" (AgRg no AREsp 650.390/SP, Rel. Min. João Otáviode Noronha, 3ª T., DJe 13/3/2018).

mas de comunhão parcial, tornando inócua a previsão contida no art. 1.641 do CC.

Portanto, comungamos da posição mais recente do STJ acerca da aplicação da Súmula 377 na atualidade, que pode ser assim representada:

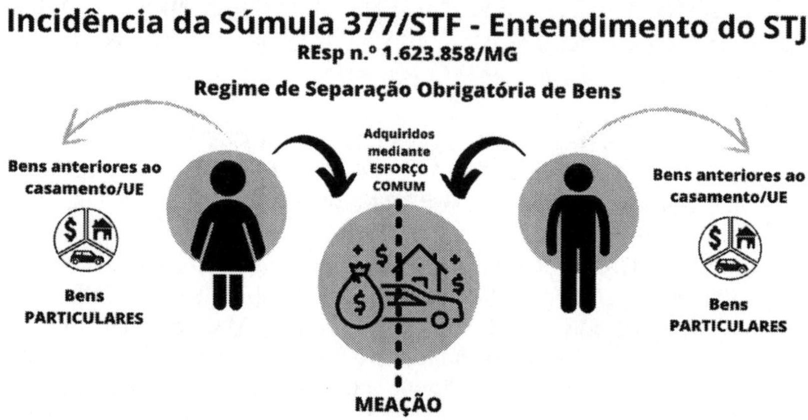

Por fim, conforme já destacamos no tópico 1.2 (nota de rodapé nº 16), privilegiando a autonomia dos sujeitos, entendemos ser possível a mitigação da Súmula 377, para possibilitar que os nubentes, mediante pacto antenupcial, afastem a incidência da súmula e optem pela separação total de bens, ou seja, afastando a comunicação de quaisquer bens adquiridos durante o casamento e a possibilidade de demonstração de esforço comum.

Repise-se que isso não implica a adoção do regime de separação convencional, já que a separação é obrigatória, pois imposta por lei, mas tão somente no afastamento – mediante manifestação de vontade dos nubentes/companheiros – da incidência da Súmula 377/STF.

Nesse sentido também o Enunciado 634 da VIII Jornada de Direito Civil: "É lícito aos que se enquadrem no rol de pessoas sujeitas ao regime da separação obrigatória de bens (art. 1.641 do Código Civil) estipular, por pacto antenupcial ou contrato de convivência, o regime da separação de bens, a fim de assegurar os efeitos de tal regime e afastar a incidência da Súmula 377 do STF."

Acerca dessa possibilidade, igualmente já se manifestou o STJ no REsp 1.922.347/PR: "no casamento ou na união estável regidos pelo regime da separação obrigatória de bens, é possível que os nubentes/companheiros, em exercício da autonomia privada, estipulando o que melhor lhes aprouver em relação aos bens futuros, pactuem cláusula mais protetiva ao regime legal, com o afastamento da Súmula n. 377 do STF, impedindo a comunhão dos aquestos."

1.4 Regime legal dispositivo ou regime supletivo: comunhão parcial de bens

Caso os nubentes não escolham o regime matrimonial de bens, ou, havendo convenção, seja ela nula ou ineficaz, incidirá supletivamente o regime de comunhão parcial, consoante o disposto no art. 1.640 do Código Civil.

Por outro lado, caso o regime de comunhão parcial seja a própria escolha dos nubentes, basta que seja ela reduzida a termo, não havendo necessidade de realização de pacto antenupcial por escritura pública (CC, art. 1.640, parágrafo único).

O mesmo se aplica quanto à união estável, pois, conforme o art. 1.725 do CC, "salvo contrato escrito entre os companheiros, aplica-se às relações patrimoniais, no que couber, o regime da comunhão parcial de bens".

Trata-se, portanto, do regime escolhido pela lei. Observa Paulo Lôbo que, "desde a Lei do Divórcio, de 1977, o direito brasileiro optou pelo regime de comunhão parcial, que se caracteriza pela convivência de bens particulares e bens comuns, classificados principalmente em razão da data da celebração do casamento".[30]

Antes disso, vigorava no Brasil a opção pelo regime de comunhão universal, comungando-se todos os bens adquiridos antes e após o casamento, com poucas exceções.

Interessante notar, a título histórico, que o legislador escolhe como regime supletivo aquele que considera "mais adequado no seu momento histórico, com a intenção de, malgrado a liberdade que confere aos nubentes, destiná-lo ao maior número de casais",[31] o que não implica dizer que se trate da *melhor opção* para todos, pois o *melhor regime* sempre será aquele que melhor se adeque às necessidades do casal, observadas as peculiaridades de cada um e dos parceiros em conjunto.

---

[30] LÔBO, Paulo. *Direito Civil. Famílias.* 14. ed. São Paulo: Saraiva, 2024, p. 157 (ePUB).

[31] LÔBO, Paulo. *Direito Civil. Famílias.* 14. ed. São Paulo: Saraiva, 2024, p. 157 (ePUB).

Conforme analisaremos adiante, no regime de comunhão parcial é possível que se constituam três massas patrimoniais: as dos bens particulares de cada cônjuge/companheiro e a dos bens comuns do casal.

1.5 Efeitos comuns entre os cônjuges/companheiros em qualquer regime de bens: atos que não dependem da autorização do consorte

Os arts. 1.642 e 1.643 do CC estabelecem os atos que podem ser praticados por qualquer dos cônjuges, independentemente do regime de bens adotado pelo casal.

Trata-se de atos relacionados à organização/administração das finanças domésticas, bem como dos bens particulares de cada um e dos bens comuns do casal.

Assim, não necessitam de consentimento ou autorização do outro:

a) os atos de disposição e de administração necessários ao desempenho de sua profissão, a exemplo de um empréstimo para fins de formação de capital de giro, em que sócio administrador assina como devedor solidário, caso em que o Tribunal de Justiça do Rio de Janeiro entendeu ser desnecessária a autorização do cônjuge.[32] Em situação semelhante, em que a fiança prestada por sócio e devedor solidário da empresa, no exercício de sua atividade de empresário, e sem outorga uxória, o Tribunal de Justiça de Minas Gerais igualmente entendeu ser esta desnecessária, por força do art. 1.642, I, do CC.[33]

b) a administração dos bens próprios, ou seja, daqueles que não integram o patrimônio comum do casal. Compreendem-se como atos de administração, por exemplo, conservar, alugar, reformar, ampliar.

c) desobrigar ou reivindicar os imóveis que tenham sido gravados ou alienados sem o seu consentimento ou sem suprimento judicial. Tal hipótese se refere ao exercício do direito de liberar os bens imóveis (comuns ou particulares) dos gravames e ônus, ou de reivindicá-los quando forem alienados sem o seu consentimento, quando este era exigido por lei. Ou seja, trata-se de situação em que, a teor do disposto

---

[32] TJRJ, Apelação 0024589-86.2013.8.19.0037, 18ª Câmara Cível, Nova Friburgo, Rel. Des. Eduardo de Azevedo Paiva, DORJ 14.6.2018.

[33] TJMG, Apelação Cível 1.0180.12.000652-3/001, Rel. Des. Evangelina Castilho Duarte, j. 18.5.2017, DJEMG 05.6.2017.

no art. 1.647 do CC, o consentimento do cônjuge era exigível, mas o ato foi realizado sem este.[34]

d) demandar a rescisão dos contratos de fiança e doação, ou a invalidação do aval, realizados pelo outro cônjuge com infração do disposto nos incisos III e IV do art. 1.647. Cuida-se de hipótese em que o cônjuge está autorizado a ajuizar ação no sentido de ver declarada a extinção de atos para cuja validade a lei exige o seu consentimento, tendo sido realizados sem a sua autorização.

e) reivindicar os bens comuns, móveis ou imóveis, doados ou transferidos pelo outro cônjuge ao concubino, desde que provado que os bens não foram adquiridos pelo esforço comum destes, "se o casal estiver separado de fato por mais de cinco anos" (CC, art. 1.642, V). A hipótese se refere ao caso de o cônjuge adúltero doar bem ao seu cúmplice, podendo a doação ser anulada pelo cônjuge enganado, ou por seus herdeiros necessários, no prazo de até dois anos após o fim da sociedade conjugal (CC, art. 550). Frise-se que a referência a cinco anos da separação de fato, contida no art. 1.642, V, do CC, não faz sentido diante do entendimento de que o casamento deixa de produzir efeitos com a separação, bem como pelo fato de que o art. 1.723, §1º, do CC possibilita que o separado de fato já constitua união estável com terceiro. Deste modo, não há que se falar em relação concubinária se houver separação de fato, não havendo prazo mínimo de separação para que a união estável se constitua.

f) praticar todos os atos que não lhes forem vedados expressamente.

g) comprar, ainda a crédito, as coisas necessárias à economia doméstica, tais como alimentação, manutenção da casa, roupas, lazer, etc.

h) obter, por empréstimo, as quantias que a aquisição dessas coisas possa exigir.

Quanto a estes dois últimos atos (CC, art. 1.643), relacionados à economia doméstica, prevê o art. 1.644 que ambos os cônjuges serão solidariamente responsáveis com relação às dívidas deles decorrentes, ainda que apenas um deles figure como devedor.[35]

---

[34] Frise-se que, nestes casos, o terceiro prejudicado em virtude de sentença favorável ao autor terá direito de regresso contra o cônjuge que realizou o ato sem o devido consentimento de seu consorte.

[35] Sobre este tema já decidiu, por exemplo, o Superior Tribunal de Justiça, concluindo que a execução de título extrajudicial por inadimplemento de mensalidades escolares de filhos do casal pode ser redirecionada ao outro cônjuge, ainda que ele não figure nominalmente nos

Por outro lado, quando um dos cônjuges não puder exercer a administração dos bens que lhe incumbe, segundo o regime de bens, caberá ao outro, conforme o art. 1.651 do CC, gerir os bens comuns e os do consorte, alienar os bens imóveis comuns e os móveis ou imóveis do outro, neste caso, mediante autorização judicial.

Relevante destacar que o referido art. 1.651 trata da hipótese de incapacidade temporária ou permanente de um dos cônjuges, impedindo-o de administrar seus bens particulares e compartilhar a administração dos bens comuns do casal.

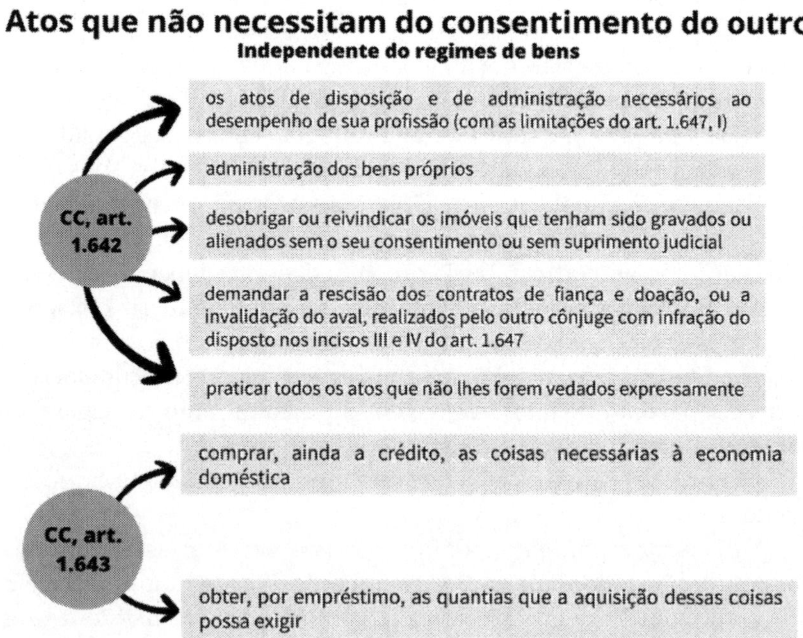

instrumentos negociais que deram origem à dívida: "nos arts. 1.643 e 1644 do Código Civil, o legislador reconheceu que, pelas obrigações contraídas para a manutenção da economia doméstica, e, assim, notadamente, em proveito da entidade familiar, o casal responderá solidariamente, podendo-se postular a excussão dos bens do legitimado ordinário e do coobrigado, extraordinariamente legitimado. Estão abrangidas na locução 'economia doméstica' as obrigações assumidas para a administração do lar e, pois, à satisfação das necessidades da família, no que se inserem as despesas educacionais" (STJ, REsp 1.472.316/SP, 3ª Turma, Rel. Min. Paulo de Tarso Sanseverino, julg. 5.12.2017, DJe 18.12.2017).

1.6 Atos que dependem de autorização do consorte

Decorre do casamento a modificação do estado civil. Por se tratar de negócio jurídico solene, e em razão da publicidade que lhe é conferida pelo registro, o fato de o sujeito ser casado pode importar em limitações na celebração de determinados negócios jurídicos, a depender do regime de bens adotado.

Tais limitações estão previstas no art. 1.647 do Código Civil, e, em nosso entender, não se aplicam à união estável, por se tratar de normas restritivas de direitos, que não admitem interpretação extensiva.[36]

Todavia, com vistas a evitar que os companheiros se valham dessa omissão legislativa com o objetivo de prejudicar o outro, é recomendável que os conviventes promovam a averbação do contrato de união

---

[36] "Direito civil. Inaplicabilidade da Súmula 332 do STJ à união estável. Ainda que a união estável esteja formalizada por meio de escritura pública, é válida a fiança prestada por um dos conviventes sem a autorização do outro. Isso porque o entendimento de que a 'fiança prestada sem autorização de um dos cônjuges implica a ineficácia total da garantia' (Súmula 332 do STJ), conquanto seja aplicável ao casamento, não tem aplicabilidade em relação à união estável. De fato, o casamento representa, por um lado, uma entidade familiar protegida pela CF e, por outro lado, um ato jurídico formal e solene do qual decorre uma relação jurídica com efeitos tipificados pelo ordenamento jurídico. A união estável, por sua vez, embora também represente uma entidade familiar amparada pela CF – uma vez que não há, sob o atual regime constitucional, famílias estigmatizadas como de 'segunda classe' –, difere-se do casamento no tocante à concepção deste como um ato jurídico formal e solene. Aliás, nunca se afirmou a completa e inexorável coincidência entre os institutos da união estável e do casamento, mas apenas a inexistência de predileção constitucional ou de superioridade familiar do casamento em relação a outra espécie de entidade familiar. Sendo assim, apenas o casamento (e não a união estável) representa ato jurídico cartorário e solene que gera presunção de publicidade do estado civil dos contratantes, atributo que parece ser a forma de assegurar a terceiros interessados ciência quanto a regime de bens, estatuto pessoal, patrimônio sucessório etc. Nesse contexto, como a outorga uxória para a prestação de fiança demanda absoluta certeza por parte dos interessados quanto à disciplina dos bens vigente, e como essa segurança só é obtida por meio de ato solene e público (como no caso do casamento), deve-se concluir que o entendimento presente na Súmula 332 do STJ – segundo a qual a 'fiança prestada sem autorização de um dos cônjuges implica a ineficácia total da garantia' –, conquanto seja aplicável ao casamento, não tem aplicabilidade em relação à união estável. Além disso, essa conclusão não é afastada diante da celebração de escritura pública entre os consortes, haja vista que a escritura pública serve apenas como prova relativa de uma união fática, que não se sabe ao certo quando começa nem quando termina, não sendo ela própria o ato constitutivo da união estável. Ademais, por não alterar o estado civil dos conviventes, para que dele o contratante tivesse conhecimento, ele teria que percorrer todos os cartórios de notas do Brasil, o que seria inviável e inexigível" (STJ, REsp 1.299.866/DF, Rel. Min. Luis Felipe Salomão, j. 25.02.2014).
Para Paulo Lôbo, "ainda que o CC/2002 apenas aluda aos cônjuges, entende-se incidente aos companheiros da união estável, até porque a estes se aplica o regime de comunhão parcial de bens, salvo contrato escrito (CC, art. 1.725)." (LÔBO, Paulo. *Direito Civil. Famílias.* 14. ed. São Paulo: Saraiva, 2024, p. 161 (ePUB).

estável no registro de imóveis em que cadastrados os bens comuns, ainda que registrados em nome de apenas um deles.

Conforme entendimento do STJ, com este procedimento "não se poderá considerar o terceiro adquirente do bem como de boa-fé",[37] haja vista a publicidade conferida à união estável por meio da averbação do respectivo contrato.

Os limites previstos no art. 1.647 do CC não se aplicam às pessoas casadas sob o regime de separação absoluta de bens. Nos demais regimes, nas hipóteses em que a outorga conjugal é necessária esta poderá ser suprida por decisão judicial, quando um dos cônjuges a denegue sem justo motivo, ou quando lhe seja impossível concedê-la (CC, art. 1.648).

Os atos que necessitam de concordância do cônjuge podem ser classificados em dois tipos:

a) materiais: previstos nos incisos I, III e IV, do art. 1.647 do CC; e

b) processuais: previstos no inciso II, do art. 1.647.

Havendo a prática de atos materiais sem a respectiva outorga, caberá ao cônjuge lesado ajuizar ação com o objetivo de anular o negócio jurídico firmado. No caso da prática de atos processuais, "ao consorte restará ingressar nos autos e requerer a anulação do que fora praticado ou, quando já houver transitado em julgado a sentença, valer-se da ação rescisória para buscar seus interesses". É possível, ainda, pleitear em ação própria "a declaração de inexistência da demanda, caso não tenha sido citado na *actio* de natureza real promovida em desfavor do cônjuge".[38]

Quanto aos atos materiais que necessitam de outorga conjugal, o primeiro se refere à alienação ou oneração de bens imóveis, de modo que a venda ou entrega do bem imóvel como garantia de dívida exige a autorização do outro cônjuge.

Tal autorização é necessária, mesmo que se trate de bem particular, haja vista que os frutos destes bens se constituem como bens comuns – nos regimes de comunhão parcial ou universal –, e o ato de disposição pode ser prejudicial ao outro cônjuge.

Por outro lado, quando se trate de regime de participação final nos aquestos, no pacto antenupcial será possível convencionar a livre disposição dos bens imóveis particulares (CC, art. 1.656).

---

[37] REsp 1424275/MT, Rel. Min. Paulo de Tarso Sanseverino, 3ª T, DJe 16.12.2014.

[38] ROSA, Conrado Paulino da. *Direito de Família Contemporâneo*. 7. ed., Salvador: Juspodivm, 2020, p. 277.

Convém lembrar que a autorização igualmente será necessária quando se trate de cessão de direito hereditário, notadamente porque o direito à sucessão aberta, conforme art. 80, II, do CC, é considerado bem imóvel.

O empresário casado, entretanto, não necessitará de outorga conjugal, qualquer que seja o regime de bens, para alienar ou gravar de ônus real bens imóveis que integrem o patrimônio da empresa (CC, art. 978).

Também é possível aos cônjuges casados sob o regime de comunhão parcial ou universal de bens celebrar contratos de compra e venda entre si, desde que não se refiram a bens comuns (CC, art. 499).

É igualmente necessária a autorização conjugal para prestar fiança, haja vista que, por este contrato, o sujeito garante satisfazer ao credor uma obrigação assumida pelo devedor, o que pode comprometer o patrimônio comum do casal.

De acordo com a Súmula 332 do Superior Tribunal de Justiça, "a fiança prestada sem autorização de um dos cônjuges implica a ineficácia total da garantia".

Nesse sentido já decidiu, por exemplo, o Tribunal de Justiça do Distrito Federal e Territórios, aplicando a referida Súmula 332:

> APELAÇÃO. CIVIL E PROCESSO CIVIL. PROCESSO DE EXECUÇÃO. CONTRATO DE LOCAÇÃO. FIANÇA SEM OUTORGA UXÓRIA. INEFICÁCIA TOTAL DA GARANTIA. BEM DE FAMÍLIA. IMPENHORABILIDADE. RECURSO CONHECIDO E PROVIDO. [...] a fiança prestada sem a outorga uxória, em casamento submetido ao regime de comunhão universal de bens, enseja a ineficácia total da garantia, com a consequente extinção da execução, porquanto, além de constituir formalidade expressamente exigida pelo Código Civil, a obrigação assumida compromete o próprio sustento da família, a que estão obrigados ambos os cônjuges. [...] (TJDFT, Apelação Cível nº 07249012620178070001, 2ª Turma Cível, Re. Des. Sandra Reves, Julg. 27.11.2019)

Para que seja válido o consentimento, o STJ entende ser exigível declaração por escrito, mediante instrumento público, ou particular autenticado, de modo que apenas a assinatura do cônjuge como testemunha do contrato não é capaz de suprir a exigência.[39]

A autorização do cônjuge também é necessária para prestar aval. Deste modo, quando exigi-lo, o credor deve tomar o cuidado de colher a autorização do consorte daquele que vai prestá-lo, sob pena de vir este a ser invalidado,[40] consoante o disposto no art. 1.649 do CC.

Todavia, o âmbito de aplicação da regra contida no art. 1.647, III, do CC, vem sendo mitigado por interpretação do STJ, que visa a coadunar tal dispositivo com a disciplina dos títulos de crédito.

Segundo entendimento recente do STJ, a norma exige interpretação razoável, "sob pena de descaracterização do aval como típico instrumento cambiário", de modo que a interpretação mais adequada e que considera a garantia do pagamento dos títulos de crédito, a segurança do comércio jurídico e o fomento da circulação de riquezas "é no sentido de limitar a incidência da regra do art. 1.647, inciso III, do CCB aos avais prestados aos títulos inominados regrados pelo Código Civil, excluindo-se os títulos nominados regidos por leis especiais".[41]

O último ato material que depende de autorização do cônjuge é a doação (que não seja remuneratória) de bens comuns (móveis ou imóveis), ou de bens que possam integrar futura meação.

Mais uma vez, o objetivo da restrição é proteger o patrimônio comum do casal, evitando que um dos cônjuges venha a ser prejudicado.

A referência a "bens que possam integrar futura meação" diz respeito à hipótese de o casal ter adotado o regime de participação final

---

39 CIVIL. EMBARGOS DE TERCEIRO. AUSÊNCIA DE AUTORIZAÇÃO EXPRESSA QUANTO AOS TERMOS DA FIANÇA PRESTADA POR CÔNJUGE. ASSINATURA LANÇADA NO CONTRATO DE LOCAÇÃO NA QUALIDADE DE TESTEMUNHA INSTRUMENTÁRIA. IMPOSSIBILIDADE DE PRESUMIR A OUTORGA UXÓRIA. SÚMULA 332/STJ. 1. A assinatura das testemunhas instrumentárias somente expressa a regularidade formal do instrumento particular, mas não evidencia a sua ciência acerca do conteúdo do negócio jurídico. 2. A fiança deve ser interpretada restritivamente, de maneira que sempre estará limitada aos encargos expressa e inequivocamente assumidos pelo fiador. 3. Quando há incerteza a respeito de algum aspecto essencial ao pacto fidejussório, como a outorga marital, não é possível proclamar a validade da garantia. Súmula 332/STJ. [...] (REsp n.º 1185982/PE, Rel. Min. Nancy Andrighi, 3ª T, DJe 2.2.2011).

40 O Enunciado nº 114 da I Jornada de Direito Civil do CJF (2002) difere deste entendimento, ao expressar que "o aval não pode ser anulado por falta de vênia conjugal, de modo que o inc. III do art. 1.647 apenas caracteriza a inoponibilidade do título ao cônjuge que não assentiu". Todavia, entendemos se tratar de conclusão *contra legem*, uma vez que o art. 1.649 do CC prevê a anulabilidade do ato.

41 STJ, REsp 1.526.560/MG, 3ª Turma, Rel. Min. Paulo de Tarso Sanseverino, j. 16.3.2017, DJe 16.5.2017.

nos aquestos, já que este, conforme se verá adiante, implica a meação dos bens adquiridos de forma onerosa durante o casamento (CC, art. 1.672).

A lei dispensa a autorização conjugal no caso de doações remuneratórias dirigidas à pessoa que prestou serviço ao doador (sem caráter de pagamento). Também considera válidas as doações nupciais feitas aos filhos quando casarem ou estabelecerem economia separada (art. 1.647, parágrafo único).

Quanto ao ato de natureza processual que necessita de autorização do cônjuge, o inc. II do art. 1.647 prevê a necessidade de participação de ambos os cônjuges para figurarem como autores ou réus, em demandas que se refiram a bens imóveis.

Por fim, repise-se que, como visto, a inobservância à exigência legal de autorização do cônjuge implica anulabilidade do negócio jurídico firmado. Por se tratar de nulidade relativa, pode ser confirmada pelas partes interessadas, bem como se convalida com o transcurso do prazo decadencial de dois anos, contados do fim da sociedade conjugal (CC, art. 1.649).

Serão legitimados para pleitear a invalidade do ato o cônjuge prejudicado ou os seus herdeiros (CC, art. 1.650).

A falta da outorga conjugal pode ser suprida pelo juiz, caso tenha sido denegado sem que haja justo motivo, ou quando for impossível concedê-la (a exemplo do cônjuge que está em local incerto e não sabido), tal como prevê o art. 1.648.

Atos que necessitam do consentimento do consorte

Exceto no regime de separação absoluta

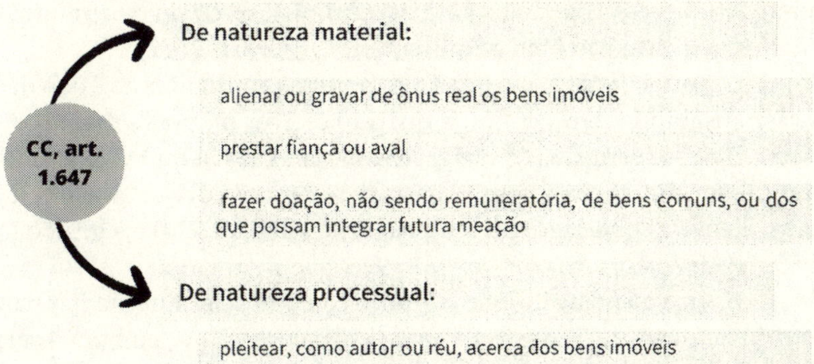

1.7 Da administração dos bens do casamento e da responsabilidade do cônjuge/companheiro pela má gestão dos bens comuns e particulares

O Código Civil, no art. 1.642, estabelece o que cada cônjuge está autorizado a fazer quanto aos bens particulares e aos bens comuns, em qualquer dos regimes de bens, e sem a necessidade de autorização do outro. Trata-se de norma cogente, que não pode ser afastada por convenção.

Todavia, não obstante a liberdade conferida pela lei, o exercício abusivo do direito, bem como eventual omissão que prejudique o patrimônio, pode implicar responsabilização do cônjuge.

A responsabilidade se refere tanto à gestão dos bens comuns quanto dos particulares, uma vez que os frutos destes – a depender do regime adotado – podem se constituir como bens comuns, devendo igualmente ser considerado o interesse da família.

Prevê o art. 1.651 que, quando um dos cônjuges não puder exercer a administração dos bens que lhe incumbe – observado o regime adotado –, caberá ao outro:

a) gerir os bens comuns e os do outro cônjuge;

b) alienar os bens imóveis comuns;

c) alienar os imóveis comuns e os móveis ou imóveis do consorte, mediante autorização judicial.

O cônjuge que estiver na posse dos bens particulares do outro, por seu turno, será para com este e seus herdeiros responsável como usufrutuário, se o rendimento for comum; como procurador, se tiver mandato expresso ou tácito para os administrar; como depositário, se não for usufrutuário nem administrador (CC, art. 1.652).

Observa Paulo Lôbo que "a regra tem por finalidade estabelecer a responsabilidade do cônjuge quando estiver na posse dos bens do outro." Nesse sentido, "o artigo equipara as consequências a outras figuras jurídicas, cujas regras passam a ser aplicáveis, quando for o caso, além das que regulam a posse (arts. 1.196 a 1.224) e a gestão (art. 1.651, I)".[42]

Acerca da posse do bem do outro cônjuge, relevante atentar para o fato de que o art. 1.652 destaca a categoria da posse, que, embora direta, é limitada à qualidade de usufrutuário, procurador ou depositário. O que

---

[42] LÔBO, Paulo. *Direito Civil. Famílias.* 14. ed. São Paulo: Saraiva, 2024, p. 343 (ePUB).

implica dizer que "investindo-se na posse de bens do outro, o cônjuge possuidor é titular de posse direta", permanecendo a posse indireta na titularidade do cônjuge proprietário. Deste modo, "por força de lei, o cônjuge possuidor nunca terá a posse própria, que o habilitaria, com o passar do tempo, a pretender usucapião".[43]

O usufruto, no caso do cônjuge gestor de bens, não necessita ser submetido a registro público, nem exige caução para a sua investidura, vez que decorre de imposição legal. Dele não pode o cônjuge dispor, pois estabelecido em seu benefício, podendo, entretanto, o seu exercício ser objeto de cessão onerosa ou gratuita, pois integra as faculdades próprias do uso e fruição.

Como usufrutuário que seja, o cônjuge gestor terá o dever de indenizar o outro (nu-proprietário) em caso de descumprimento dos deveres que lhe são próprios: a) deixar de comunicar a lesão ou o risco de lesão à coisa ou à posse; b) destruir a coisa; c) deixar de efetuar as despesas ordinárias de conservação; d) mudar o destino do usufruto; e) exceder no uso da coisa; f) não entregar a coisa, cessado o usufruto.

Caso a posse se dê em virtude de mandato, no qual se atribuem poderes de gestão, o cônjuge mandatário é obrigado a gerir os bens de forma diligente, podendo vir a ser responsabilizado em caso de culpa.

Tem o dever de prestar contas dos valores recebidos ou aplicados na consecução do mandato, quer quando este chegar ao fim, quer quando lhe seja exigido pelo mandante. Por outro lado, poderá este dispensar a prestação de contas, por meio do contrato de mandato ou da procuração.

Não sendo usufrutuário ou mandatário, o cônjuge possuidor será enquadrado como depositário dos bens particulares do outro. Trata-se de hipótese de depósito legal, tendo o depositário a obrigação de guarda e conservação do bem, devendo ter o mesmo zelo que teria com os seus bens próprios.

Responderá pelos prejuízos aos quais der causa, caso descumpra com os respectivos deveres de cuidado e conservação. Sendo exigido pelo depositante, deve restituir o bem, ressalvado o direito de retenção, ou se a coisa tiver sido embargada por decisão judicial.

Em caso de abuso de direito, igualmente responde o cônjuge gestor.

---

43 *Ibidem*, p. 343 (ePUB).

Relevante destacar, por fim, que a Lei Maria da Penha (Lei nº 11.340/2006), que visa a coibir os atos de violência doméstica, nos quais se inclui a violência patrimonial, prevê, em seu art. 7, IV, configurar-se esta como retenção, subtração destruição parcial ou total de objetos, instrumentos de trabalho, documentos pessoais, bens, valores e direitos ou recursos econômicos.

A referida lei estabelece medidas que devem ser adotadas nestes casos, podendo o juiz, liminarmente: a) determinar a restituição de bens indevidamente subtraídos pelo agressor; b) proibir temporariamente a celebração de atos e contratos de compra, venda, e locação de bem comum; c) determinar que seja prestada caução provisória, mediante depósito judicial, por perdas e danos materiais decorrentes da prática de violência doméstica e familiar. Aplicando as duas últimas medidas, deverá o juiz oficiar ao cartório competente.

1.8 LINDB e regime de bens no casamento com estrangeiro

Contemplando norma de Direito Internacional Privado, a Lei de Introdução às Normas do Direito Brasileiro – LINDB, em seu art. 7º, §4º, prevê que o regime de bens, legal ou convencional, obedece à lei do país em que os nubentes tiverem domicílio, e, se este for diverso, à do primeiro domicílio conjugal.

1.9 Regras de Direito intertemporal

As mudanças introduzidas pelo Código Civil de 2002 no âmbito dos regimes de bens, conforme previsão do art. 2.039, passaram a ser aplicáveis apenas aos casamentos celebrados após o início de sua vigência (11.1.2003), de modo que o regime de bens dos casamentos celebrados na vigência do Código anterior corresponde às regras por ele estabelecidas, ressalvadas aquelas não recepcionadas pela Constituição Federal de 1988, sobretudo por violação ao princípio da igualdade.

Entendimento diverso do esposado no art. 2.039 do CC implicaria insegurança e instabilidade das relações patrimoniais entre os cônjuges, bem como dos efeitos destas perante terceiros.

Por outro lado, tendo o Código de 2002 passado a possibilitar a mudança de regime de bens (o que não era possível na legislação anterior), as pessoas casadas sob a égide do código revogado poderão pleitear judicialmente a mudança de regime, observados os requisitos previstos na legislação atual (art. 1.639, §2º), e, em regra, com efeitos não retroativos.

1.10 Usucapião entre ex-cônjuges ou ex-companheiros: possibilidade e requisitos

A Lei nº 12.424/2011 introduziu o art. 1.240-A ao Código Civil, passando a possibilitar que o ex-cônjuge ou ex-companheiro adquira por usucapião o domínio integral do imóvel em que residiam enquanto casal, quando ocorrer abandono do lar por parte do outro.

Para tanto, o CC passou a exigir os seguintes requisitos:

a) posse direta, com exclusividade, por, pelo menos, dois anos ininterruptos e sem oposição;

b) imóvel urbano de até 250 m², cuja propriedade dividia com ex-cônjuge ou ex-companheiro que abandonou o lar;

c) uso do imóvel para fins de moradia;

d) não ser proprietário de outro imóvel urbano ou rural.

A referência legal a *abandono do lar*, para fins da usucapião, diz respeito à situação fática, e não depende de qualquer motivação ou demonstração de culpa: "basta o afastamento físico do outro cônjuge ou companheiro".[44]

Não se trata, portanto, de uma norma de caráter punitivo, mas tem o objetivo de regularizar uma situação fática, no sentido que, havendo o abandono do lar e tendo o outro consorte se mantido na posse do bem, o qual usa para sua moradia ou de sua família, terá este, cumpridos os requisitos previstos em lei, a propriedade integral do imóvel.

Tal ressalva é especialmente relevante no contexto de violência doméstica, uma vez que muitas vezes a mulher se vê obrigada a se manter no lar conjugal, em razão do receio de ser caracterizado abandono, que repercuta negativamente nos efeitos produzidos pela separação/divórcio.

Nesse cenário, é relevante frisar que o *abandono* previsto no art. 1.240-A não se refere simplesmente ao fato de um dos cônjuges deixar o lar conjugal, mas à situação em que, não mais havendo coabitação, aquele que deixou o lar não reivindica a titularidade do bem comum no prazo previsto em lei.

---

[44] LÔBO, Paulo. *Direito Civil. Famílias.* 14. ed. São Paulo: Saraiva, 2024, p. 351 (ePUB).

O regime de bens adotado pelo casal terá, pois, repercussão quando do preenchimento dos requisitos desta forma específica de aquisição de propriedade, pois o imóvel objeto deste tipo de usucapião é aquele comum do casal (portanto, quando adotem o regime de comunhão universal ou parcial de bens). Caso se trate de bem particular do cônjuge/companheiro que abandonou o lar, este não poderá ser objeto da usucapião familiar prevista no art. 1.240-A.

A lei não exige o divórcio para que sejam preenchidos os requisitos deste tipo de usucapião, de modo que "as expressões 'ex-cônjuge' e 'ex-companheiro', contidas no art. 1.240-A do Código Civil, correspondem à situação fática da separação, independentemente de divórcio" (Enunciado 501 da V Jornada de Direito Civil).

A interpretação sistemática dos requisitos da usucapião familiar também exige que sejam contemplados todos os tipos de entidades familiares, tal como se destacou no Enunciado 500 da V JDC: "A modalidade de usucapião prevista no art. 1.240-A do Código Civil pressupõe a propriedade comum do casal e compreende todas as formas de família ou entidades familiares, inclusive homoafetivas".

Quanto à compreensão de *posse direta*, por seu turno, vem-se entendendo que o sentido empregado no art. 1.240-A não é o mesmo do art. 1.197 do CC (poder de fato sobre a coisa), mas se refere à posse exclusiva do cônjuge ou companheiro sobre o imóvel comum do casal.[45]

Nesse sentido, Ricardo Calderon e Michele Mayumi Iwasaki entendem que por estar o instituto diretamente atrelado à proteção da família e à garantia da dignidade da pessoa humana, deve-se garantir uma interpretação mais branda ao termo *posse direta*, de modo que, "em alguns casos é possível a concessão da usucapião familiar até mesmo para o consorte que não está na posse efetiva do bem",[46] mas que, tendo o outro abandonado o lar, tenha promovido o aluguel do imóvel, por exemplo, por não ter condições financeiras de mantê-lo sozinho.

---

[45] LÔBO, Paulo. *Direito Civil. Famílias*. 14. ed. São Paulo: Saraiva, 2024, p. 351 (ePUB). Enunciado 502 da V JDC – "O conceito de posse direta referido no art. 1.240-A do Código Civil não coincide com a acepção empregada no art. 1.197 do mesmo Código".

[46] CALDERON, Ricardo Lucas; IWASAKI, Michele Mayumi. Usucapião familiar: quem nos salva da bondade dos bons? *Revista Brasileira de Direito Civil*, volume 3 – Jan/Mar, 2015, IBDCivil, p. 43. De fato, como bem observam os autores, em "Uma sociedade desigual na qual persistem condições de desigualdade de gênero e de altos índices de violência doméstica, não se pode limitar a conferir apenas a aplicação do instituto àquele cônjuge ou companheiro que permaneceu fisicamente no imóvel."

CAPÍTULO 2

REGIME DE COMUNHÃO PARCIAL DE BENS

2.1 Regra geral

Prevê o art. 1.658 do Código Civil que, no regime de comunhão parcial, comunicam-se os bens que sobrevierem ao casal na constância do casamento (ou da união estável), com as exceções previstas em lei.

Neste regime é possível que se constituam dois tipos de bens: os comuns do casal e os particulares. Deste modo, da relação podem resultar três massas patrimoniais: a dos bens comuns e a dos bens particulares de cada cônjuge/companheiro:

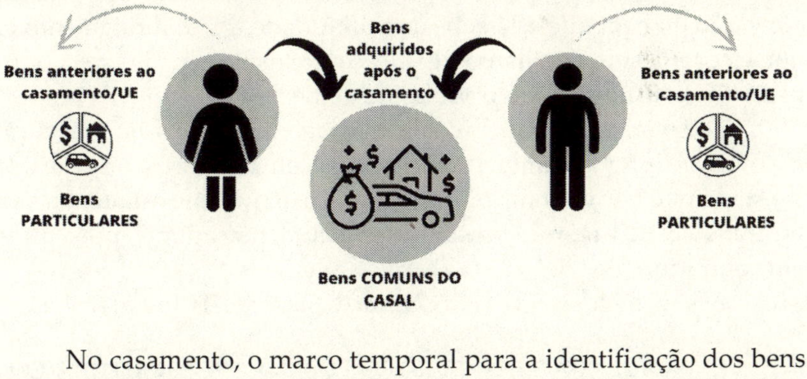

No casamento, o marco temporal para a identificação dos bens comuns e particulares é a data da celebração, e não do registro (este produz efeitos retroativos à data da celebração). Na união estável, os bens serão comuns a partir da constituição fática desta.

Os bens comuns formam um condomínio; os cônjuges/companheiros são condôminos destes bens, "de modo indistinto, como titulares de partes ideais ou meações."[47]

Não há necessidade de firmar pacto antenupcial para a escolha deste regime de bens, mas os cônjuges podem, mediante pacto (e os conviventes por meio de contrato), estipular regras que lhes sejam mais convenientes, comunicando ou excluindo da comunhão bens não previstos nos arts. 1.659 (estabelece os bens que são excluídos da comunhão) e 1.660 (estabelece os bens que entram na comunhão) do CC.

2.2 O que entra na comunhão?

Todos os bens móveis ou imóveis adquiridos após o casamento, em nome de ambos ou de apenas um dos cônjuges/companheiros, por meio de negócios jurídicos onerosos, entram na comunhão (CC, art. 1.660, I), ressalvadas as exceções, que serão analisadas no tópico seguinte.

Nesse sentido, por exemplo, se um imóvel é adquirido durante o casamento, em nome de apenas um dos cônjuges, sem que tenha havido contribuição financeira direta do outro, ainda assim o bem é comum do casal, e em caso de divórcio ou falecimento do titular do bem, o outro tem direito à metade do imóvel.

Em casos de divórcio ou declaração de dissolução de união estável, é bastante comum que uma das partes alegue não ter a outra direito à meação do bem que está sob sua titularidade, sob o fundamento de que este teria sido resultante de esforço exclusivo seu, de que a outra parte não contribuiu para a aquisição do bem.

Todavia, no regime de comunhão parcial de bens, há presunção absoluta de esforço comum dos cônjuges/companheiros, ou seja, a lei presume que houve contribuição do outro, ainda que esta tenha sido indireta. Por se tratar de presunção absoluta, não admite, pois, prova em contrário.

Assim, inclusive, vem decidindo o Superior Tribunal de Justiça:

> [...] ANULAÇÃO DE REGISTRO PÚBLICO DE ESCRITURA COM BASE EM OCORRÊNCIA DE SIMULAÇÃO. AÇÃO AUTÔNOMA. ART. 1.245 DO CC/02. INCOMPETÊNCIA DO JUÍZO DA FAMÍLIA. APÓS A EDIÇÃO DA LEI Nº 9.278/1996, NA UNIÃO ESTÁVEL,

---

[47] LÔBO, Paulo. *Direito Civil. Famílias.* 14. ed. São Paulo: Saraiva, 2024, p. 354 (ePUB).

> VIGENTE O REGIME DA COMUNHÃO PARCIAL, HÁ PRESUNÇÃO ABSOLUTA DE QUE OS BENS ADQUIRIDOS ONEROSAMENTE NA CONSTÂNCIA DA UNIÃO SÃO RESULTADO DO ESFORÇO COMUM DOS CONVIVENTES. PRECEDENTES. RECURSO ESPECIAL PARCIALMENTE PROVIDO. (REsp n. 1.485.014/MA, Rel. Min. Moura Ribeiro, 3ª T, julgado em 25/4/2017, DJe de 15/5/2017)
> [...] 2. A jurisprudência desta egrégia Corte Superior já proclamou que, após a edição da Lei nº 9.278/1996, vigente o regime da comunhão parcial na união estável, há presunção absoluta de que os bens adquiridos onerosamente na constância da convivência são resultado do esforço comum dos conviventes. Precedentes. [...] (AgRg no REsp n. 1.475.560/MA, Rel. Min. Moura Ribeiro, 3ª T, julgado em 24/5/2016, DJe de 1/6/2016)

Ainda nesta perspectiva, mais um exemplo da determinação contida no inc. I, do art. 1.660, diz respeito às cotas de sociedade empresária constituída durante o casamento, que igualmente devem ser partilhadas entre os cônjuges, em caso de divórcio ou falecimento. Neste caso, os valores das cotas, segundo o STJ, devem ser fixados no momento da partilha:

> [...] verifica-se a existência de mancomunhão sobre o patrimônio, ou parte dele, expresso, na hipótese, em cotas de sociedade, que somente se dissolverá com a partilha e consequente pagamento, ao cônjuge não sócio, da expressão econômica das cotas que lhe caberiam por força da anterior relação conjugal. Sob a égide dessa singular relação de propriedade, o valor das cotas de sociedade empresária deverá sempre refletir o momento efetivo da partilha. [...] (REsp 1.537.107/PR, 3ª T, Rel. Min. Nancy Andrighi, julgamento em 17.11.2016, DJe 25.11.2016).

Destaca Paulo Lôbo, ademais, que "aos bens adquiridos devem ser assimilados os bens criados por um dos cônjuges durante o casamento, que integram o conceito de aquestos." De modo que "são comunicáveis os bens provenientes de uma atividade material de um cônjuge (por exemplo, um objeto fabricado) ou intelectual (por exemplo, fundo de empresa criado)."[48]

Também entram na comunhão os bens adquiridos por fato eventual, com ou sem o concurso de trabalho ou despesa anterior (inc. II, do art. 1.660). O fato eventual pode se tratar de um evento da natureza, ou decorrer de ato humano.

---

48 LÔBO, Paulo. *Direito Civil. Famílias*. 14. ed. São Paulo: Saraiva, 2024, p. 355 (ePUB).

Exemplos de eventos da natureza que caracterizam fato eventual para fins de comunhão são a avulsão, aluvião, a formação de ilhas, o abandono de álveo, todos espécies de aquisição de propriedade por acessão.[49]

Igualmente se incluem nesta categoria de fato eventual os valores adquiridos por meio de jogos, apostas, loteria, prêmios, etc.

Nesse sentido já decidiu, por exemplo, o STJ, ao apreciar demanda referente à dissolução de união estável:

> [...] o prêmio da lotomania, recebido pelo ex-companheiro, sexagenário, deve ser objeto de partilha, haja vista que: (i) se trata de bem comum que ingressa no patrimônio do casal, independentemente da aferição do esforço de cada um; (ii) foi o próprio legislador quem estabeleceu a referida comunicabilidade; [...] (REsp 1.689.152/SC, 4ª T, Rel. Min. Luis Felipe Salomão, julgado em 24.10.2017, DJe 22.11.2017)

Advertem Pablo Stolze e Rodolfo Pamplona, todavia, que a comunicabilidade dos bens adquiridos por fato eventual não deve ser confundida com as aquisições a título gratuito, por doação, herança ou legado, que integram patrimônio particular de cada cônjuge,[50] conforme art. 1.659, I, do CC.

Entram na comunhão, por seu turno, os bens adquiridos por doação, herança ou legado, em favor de ambos os cônjuges (art. 1.660, III).

Embora, como visto, a doação, a herança ou o legado percebidos por apenas um dos cônjuges/companheiros durante o casamento se constituam em patrimônio particular, os bens adquiridos a estes títulos, em favor de ambos, constituem, pois, patrimônio comum.

Para que ocorra a comunicação, necessário que o instrumento (contrato de doação ou testamento) expressamente declare que ambos os cônjuges/companheiros são beneficiários.

Caso a parte de cada um não tenha sido expressamente declarada no respectivo instrumento, entende-se que a liberalidade se deu em partes iguais.

Igualmente se comunicam, conforme prevê o art. 1.660, IV e V, as benfeitorias realizadas em bens particulares de cada cônjuge, e os

---

49 Para Pontes de Miranda, entretanto, tudo o que é acessão adere ao bem e, sendo tal bem particular, particular permanece, não se incluindo nas aquisições por fato natural (MIRANDA, Pontes de. *Tratado de Direito Privado*. v. 8. São Paulo: Revista dos Tribunais, 1971, p. 335).

50 STOLZE, Pablo. PAMPLONA FILHO, Rodolfo. *Novo Curso de Direito Civil:* Direito de família. 13. ed. São Paulo: Saraiva, 2023, p. 129.

frutos dos bens comuns, ou dos particulares de cada um, percebidos na constância do casamento, ou pendentes ao tempo de cessar a comunhão.

Deste modo, embora os bens particulares se trate daqueles que não se comunicam, a lei presume que as benfeitorias neles realizadas decorreram de esforço comum, razão pela qual estas se comunicam, sejam elas úteis, necessárias, sejam voluptuárias.

Neste cenário, o outro cônjuge/companheiro deterá a parte ideal correspondente a 50% do valor das benfeitorias realizadas no bem particular do consorte.

O mesmo se diga quanto aos frutos produzidos pelos bens comuns e particulares, sejam estes naturais, civis, sejam industriais, que também ingressam na comunhão.

Se, por exemplo, um dos cônjuges era proprietário de um apartamento quitado antes do casamento, sendo este, portanto, bem particular seu e aluga o imóvel durante o casamento, os valores decorrentes do aluguel (frutos civis) são considerados comuns.

Os frutos percebidos, portanto, ingressam automaticamente na comunhão, assim como aqueles pendentes, os quais, na data do divórcio/dissolução ou do falecimento do titular do bem, já poderiam ser percebidos, ou estavam em via de ser.

Entram na comunhão:

CC, art. 1.660

- os bens adquiridos na constância do casamento por título oneroso, ainda que só em nome de um dos cônjuges
- os bens adquiridos por fato eventual, com ou sem o concurso de trabalho ou despesa anterior
- os bens adquiridos por doação, herança ou legado, em favor de ambos os cônjuges
- as benfeitorias em bens particulares de cada cônjuge
- os frutos dos bens comuns, ou dos particulares de cada cônjuge, percebidos na constância do casamento, ou pendentes ao tempo de cessar a comunhão

2.2.1 Questões especiais

a) Bem financiado

Quando se trata de bem financiado por um dos cônjuges/companheiros, cujo pagamento das parcelas se deu no curso da relação, estas vão integrar o patrimônio comum do casal.

Portanto, se, por exemplo, um dos cônjuges adquiriu um imóvel financiado antes do casamento, tendo promovido o pagamento de entrada e algumas parcelas antes de casar e as demais durante o casamento, estas últimas irão compor a meação do casal.

Nesse sentido vêm decidindo os tribunais, a exemplo dos julgados abaixo, dos Tribunais de Justiça do Rio Grande do Sul e de Santa Catarina:

> APELAÇÃO CÍVEL. DIVÓRCIO. PARTILHA. 1. IMÓVEL. O autor da ação de divórcio firmou contrato particular de promessa de compra e venda de imóvel em data anterior ao casamento e obteve financiamento imobiliário, com parte das prestações pagas ao longo da relação. Correta a sentença que reconheceu à apelante direitos na forma de um crédito correspondente a parte do valor do bem paga durante a constância da relação, tomadas as prestações quitadas até a data da separação fática, pois, no caso, não há falar em meação sobre o imóvel, em si considerado [...] (TJRS. Apelação Cível, nº 70082063603, Oitava Câmara Cível, Rel. Des. Luiz Felipe Brasil Santos, Julgado em: 28.11.2019).
>
> [...] PARTILHA DE BENS. COMUNICABILIDADE DAQUELES ADQUIRIDOS, ONEROSAMENTE, NA CONSTÂNCIA DA UNIÃO. [...] APARTAMENTO ADQUIRIDO PELA VIRAGO PREVIAMENTE AO INÍCIO DA RELAÇÃO MARITAL. COMUNICABILIDADE CINGIDA ÀS PARCELAS DE FINANCIAMENTO ADIMPLIDAS NA CONSTÂNCIA DA UNIÃO. VALORIZAÇÃO IMOBILIÁRIA QUE APENAS À SUA PROPRIETÁRIA APROVEITA. Em se tratando de imóvel adquirido e financiado antes do início da relação de convivência, o que são partilháveis, haja vista a presunção de esforço comum que decorre da união, são as parcelas relativas ao financiamento para quitação do preço adimplidas na sua constância. A propriedade do imóvel é exclusiva de quem, sozinho, o adquiriu, de tal modo que eventual valorização imobiliária apenas ao detentor do domínio aproveita. [...] (TJSC. Apelação Cível nº 0016458-45.2011.8.24.0008, 1ª Câmara Cível, Rel. Des. Jorge Luis Costa Beber, julgado em 13.7.2017).

Discordamos de recente julgado da 3ª Turma do STJ,[51] no sentido de que não seriam comunicáveis os valores decorrentes de pagamento de financiamento remanescente, assumido pela compradora, em virtude da aquisição de imóvel anterior ao casamento. No caso, o imóvel havia sido adquirido durante o namoro, mas parte das parcelas pagas durante o casamento.

A 3ª Turma, sob relatoria do Min. Ricardo Villas Bôas Cueva, concluiu que a solução para a demanda seria extraída da literalidade do art. 1.661 do Código Civil, segundo o qual "são incomunicáveis os bens cuja aquisição tiver por título uma causa anterior ao casamento".

Todavia, inaplicável tal dispositivo à situação em perspectiva, uma vez que este se refere àquelas situações em que, por exemplo, o imóvel fora adquirido e quitado antes do casamento, mas apenas a escritura/registro se deu após o matrimônio.

Quando se trata de bem financiado, cujas parcelas são pagas durante o relacionamento, há, no regime de comunhão parcial de bens, presunção absoluta de esforço comum dos consortes para o pagamento de tais prestações, constituindo estas, portanto, a meação.

b) Casa construída em terreno dos sogros

Prevê o art. 1.255 do Código Civil que "aquele que semeia, planta ou edifica em terreno alheio perde, em proveito do proprietário, as sementes, plantas e construções; se procedeu de boa-fé, terá direito a indenização."

A determinação legal visa a evitar o enriquecimento sem causa do proprietário, bem como não permitir "que aquele que construiu ou plantou em terreno alheio tire proveito às custas deste".[52]

Deste modo, casal que construiu sua residência no terreno de propriedade de terceiro, pais do ex-companheiro, por exemplo, deverá promover a partilha dos direitos decorrentes da edificação da casa, que se trata de patrimônio constituído com a participação de ambos.[53]

---

[51] REsp n. 1.841.128/MG, Rel. Min. Ricardo Villas Bôas Cueva, Terceira Turma, julgado em 23/11/2021, DJe de 9.12.2021.

[52] STJ. REsp. 1327652/RS. Rel. Min. Luis Felipe Salomão, 4ª T, julgado em 10.10.2017, DJe 22.11.2017.

[53] Nesse sentido vem decidindo o Superior Tribunal de Justiça: "RECURSO ESPECIAL. UNIÃO ESTÁVEL. DISSOLUÇÃO. PARTILHA DE BEM CONSTRUÍDO SOBRE TERRENO DE TERCEIRO, PAIS DO EX-COMPANHEIRO. ILEGITIMIDADE PASSIVA AD CAUSAM DOS TERCEIROS. NÃO OCORRÊNCIA. CONSTRUÇÃO DE ACESSÃO (CASA) QUE SE REVERTE EM PROL DO PROPRIETÁRIO. DIREITO À INDENIZAÇÃO. PARTILHA DOS DIREITOS SOBRE O IMÓVEL. POSSIBILIDADE. EXPRESSÃO ECONÔMICA QUE DEVE

c) Valorização das cotas sociais de sociedade empresária

Entende o Superior Tribunal de Justiça que a valorização patrimonial das cotas sociais de sociedade limitada, por decorrer de mero fenômeno econômico, e não do esforço comum dos consortes, não se comunica.[54]

Segundo o relator do REsp 1173931/RS, "fosse um imóvel adquirido antes do início do período de convivência, certamente nem ele (imóvel), nem sua valorização imobiliária, seriam objeto de partilha, devendo ser aplicada a mesma lógica às cotas sociais".

Tal conclusão vem sendo criticada, uma vez que, quando se trata de um bem imóvel, a sua valorização não depende da participação do cônjuge/companheiro, mas tão somente da passagem do tempo e da realidade do mercado,[55] o que se distinguiria da valorização das cotas sociais, em determinados tipos de sociedade.

Nesse sentido, em nosso entender, é necessário verificar no caso concreto, e a depender do tipo societário, se a valorização econômica decorreu apenas de um fenômeno econômico ou gerencial (como no caso de aumento do capital social por meio de utilização das reservas da empresa e posterior valorização das cotas em virtude de referido aumento do capital), se está relacionada ao esforço laboral da pessoa

---

SER OBJETO DE DIVISÃO. [...] 2. Na espécie, o casal construiu sua residência no terreno de propriedade de terceiros, pais do ex-companheiro, e, agora, com a dissolução da sociedade conjugal, a ex-companheira pleiteia a partilha do bem edificado. 3. A jurisprudência do STJ vem reconhecendo que, em havendo alguma forma de expressão econômica, de bem ou de direito, do patrimônio comum do casal, deve ser realizada a sua meação, permitindo que ambos usufruam da referida renda, sem que ocorra o enriquecimento sem causa e o sacrifício patrimonial de apenas um deles. 4. É possível a partilha dos direitos decorrentes da edificação da casa de alvenaria, que nada mais é do que patrimônio construído com a participação de ambos, cabendo ao magistrado, na situação em concreto, avaliar a melhor forma da efetivação desta divisão. 5. Em regra, não poderá haver a partilha do imóvel propriamente dito, não se constando direito real sobre o bem, pois a construção incorpora-se ao terreno, passando a pertencer ao proprietário do imóvel (CC, art. 1.255), cabendo aos ex-companheiros, em ação própria, a pretensão indenizatória correspondente, evitando-se o enriquecimento sem causa do titular do domínio. 6. No entanto, caso os terceiros, proprietários, venham a integrar a lide, torna-se plenamente possível, no âmbito da tutela de partilha, o deferimento do correspondente pleito indenizatório. [...]" STJ. REsp. 1327652/RS. Rel. Min. Luis Felipe Salomão, 4ª T, julgado em 10.10.2017, DJe 22.11.2017.

54 REsp 1173931/RS, Rel. Min. Paulo de Tarso Sanseverino, 3ª T, julgado em 22.10.2013, DJe 28.10.2013.

55 ROSA, Conrado Paulino da. *Direito de Família Contemporâneo*. 7. ed., Salvador: Juspodivm, 2020, p. 255.

do sócio, bem como se os lucros dela resultantes foram proporcionalmente fracionados entre os sócios.[56]

Não fosse isso, relevante destacar, ademais, que os frutos dos bens particulares, produzidos durante o casamento/união estável, constituem-se em bens comuns: "logo, tem-se que a principal discussão em torno da temática da viabilidade ou não de partilha da valorização das cotas sociais condiz com o enquadramento de tal valorização como 'fruto'", de modo que estes "sejam decorrentes de bens particulares sejam de bens comuns, devem ser partilhados no âmbito dos relacionamentos pautados pelo regime da comunhão parcial de bens (na forma do art. 1.660, inc. V, do CCB/2002)".[57]

Os frutos produzidos pelo bem principal são classificados em naturais (decorrem da natureza, como as frutas, as crias de um animal), industriais (decorrente da intervenção humana, como os bens produzidos por uma fábrica) ou civis (proveitos econômicos, como os juros, aluguéis e dividendos).

Deste modo, os lucros, quando proporcionalmente divididos entre os sócios, constituem patrimônio pessoal destes (distinto do patrimônio da sociedade empresária), e, na classificação dos bens jurídicos, entram na categoria dos frutos civis.

Assim, tais frutos, quando produzidos durante o casamento/união estável, constituem bens comuns do casal.

Por fim, relevante destacar decisão do Superior Tribunal de Justiça no REsp nº 1595775/AP,[58] que considerou a diferença da destinação dos

---

[56] O mesmo se diga quando se trate da distribuição de dividendos entre os acionistas. "O dividendo é a parcela de lucro que corresponde a cada ação. Verificado o lucro líquido da companhia, pelo balanço contábil, durante o exercício social fixado no estatuto, a administração da sociedade deve propor à assembleia geral o destino que se lhe deva dar. Se for esse lucro distribuído aos acionistas, tendo em vista as ações, surge o dividendo. Até então o acionista teve apenas expectativa do crédito dividendual. Resolvida a sua distribuição, surge o dividendo integrado pelo pagamento, no patrimônio do acionista." (REQUIÃO, Rubens. *Curso de direito comercial*. 32. ed. rev. e atual. por Rubens Edmundo Requião. São Paulo: Saraiva, 2015. v. 2. p. 317.)

[57] FLEISCHMANN, Simone Tassinari Cardoso; POMJÉ, Caroline. Partilha da Valorização das Cotas Sociais. *Revista Brasileira de Direito Civil – RBDCivil*, Belo Horizonte, v. 31, n. 4, p. 41-60, out./dez. 2022, p. 49.

[58] REsp nº 1.595.775/AP. Rel. Min. Ricardo Villas Bôas Cueva, 3ª Turma, julgado em 9.8.2016. DJe, 16 ago. 2016. "As quotas ou ações recebidas em decorrência da capitalização de reservas e lucros constituem produto da sociedade empresarial e aumentam o seu capital social com o remanejamento dos valores contábeis da própria empresa, consequência da própria atividade empresarial. Assim, tal reserva não se caracteriza como fruto, à luz do art. 1660, V, do Código Civil, apto a integrar o rol de bens comunicáveis ante a dissolução da sociedade familiar. Assim, não havendo redistribuição dos lucros da sociedade empresária

lucros. Tendo estes sido mantidos em conta reserva da empresa para posterior reinvestimento (no capital social; ou para outra finalidade, como a compensação de um prejuízo anterior, por exemplo), integram o patrimônio da sociedade, e, portanto, não ingressam no patrimônio pessoal do sócio, não constituindo, pois, patrimônio comum, no caso de ser este casado/convivente sob o regime de comunhão parcial.

Por outro lado, tendo o lucro sido fracionado entre os sócios, caracterizam-se como frutos civis, sendo partilháveis, por força do disposto no art. 1.660, V, do CC.

d) Verbas trabalhistas pleiteadas por um dos consortes durante o casamento/união estável e atrasados decorrentes de diferenças salariais relativas a reajuste concedido a servidor público

A jurisprudência do STJ vem incluindo na comunhão de bens as verbas trabalhistas pleiteadas judicialmente por um dos cônjuges durante a união:

> Direito civil e família – Recurso especial. Ação de divórcio. Partilha dos direitos trabalhistas. Regime de comunhão parcial de bens. Ao cônjuge casado pelo regime da comunhão parcial de bens é devida a meação das verbas trabalhistas pleiteadas judicialmente durante a constância do casamento. As verbas indenizatórias decorrentes da rescisão do contrato de trabalho só devem ser excluídas da comunhão quando o direito trabalhista tenha nascido ou tenha sido pleiteado após a separação do casal. Recurso especial conhecido e provido (STJ, REsp 646.529/SP, 3ª Turma, Rel. Min. Nancy Andrighi, j. 21.6.2005).

Assim, não importa quando estas verbas decorrentes de indenizações trabalhistas venham a ser efetivamente recebidas, mas o período em que se adquiriu o direito ao crédito, tendo sido este durante o casamento/união estável, integra o patrimônio comum do casal.

Tal entendimento foi confirmado em julgado mais recente, no qual o Superior Tribunal de Justiça reafirmou que "nos regimes de comunhão parcial ou universal de bens, comunicam-se as verbas

---

aos sócios, porquanto retidos na empresa para reinvestimento, não há como reconhecer o alegado acréscimo do patrimônio do casal, motivo pelo qual não há falar em incidência do art. 1.660, V, do CC/02"

trabalhistas correspondentes a direitos adquiridos na constância do casamento, devendo ser partilhadas quando da separação do casal".[59]

No caso, o Tribunal estadual igualmente havia reconhecido que os valores recebidos por meio de precatório, após o fim da relação conjugal, tiveram origem durante o matrimônio, de modo que estavam sujeitos à partilha.

O mesmo raciocínio foi aplicado pelo STJ quando da análise de pleito de meação referente aos valores atrasados oriundos de diferenças salariais relativas a reajuste concedido a servidor público, quando "recebidos por um dos ex-cônjuges por força de decisão judicial, após a dissolução do vínculo conjugal, mas correspondentes a direitos adquiridos na constância do casamento celebrado sob o regime da comunhão parcial de bens", integrando estes o patrimônio comum do casal. (REsp 1.096.537/RS, 4ª Turma, DJe 7/11/2014).

e) Valores depositados em conta do FGTS na constância do casamento/ união estável

Quanto aos valores depositados em conta do FGTS, o Superior Tribunal de Justiça adota o mesmo entendimento consignado acerca das verbas trabalhistas, no sentido de que deve ser verificado o momento em que aqueles foram depositados, de modo que inexiste direito à meação dos valores depositados em conta vinculada ao FGTS anteriormente ao casamento/união estável:

> [...] Diante do divórcio de cônjuges que viviam sob o regime da comunhão parcial de bens, não deve ser reconhecido o direito à meação dos valores que foram depositados em conta vinculada ao FGTS em datas anteriores à constância do casamento e que tenham sido utilizados para aquisição de imóvel pelo casal durante a vigência da relação conjugal. Diverso é o entendimento em relação aos valores depositados em conta vinculada ao FGTS na constância do casamento sob o regime da comunhão parcial, os quais, ainda que não sejam sacados imediatamente à separação do casal, integram o patrimônio comum do casal, devendo a CEF ser comunicada para que providencie a reserva do montante referente à meação, a fim de que, num momento futuro, quando da realização de qualquer das hipóteses legais de saque, seja possível a retirada do numerário pelo ex-cônjuge". (STJ, REsp 1.399.199/RS, Rel. Min. Luis Felipe Salomão, j. 9.3.2016, DJe 22.4.2016).

---

[59] AgInt nos EDcl no REsp nº 1.827.570/MT, Rel. Min. Moura Ribeiro, 3ª Turma, julgado em 24.8.2020, DJe de 27.8.2020.

Destacou o relator que, durante a vigência da relação conjugal, os proventos recebidos pelos cônjuges (independentemente da ocorrência de saque) "compõem o patrimônio comum do casal, a ser partilhado na separação, tendo em vista a formação de sociedade de fato, configurada pelo esforço comum, independentemente de ser financeira a contribuição de um dos consortes e do outro não".

f) Previdência privada

A previdência privada é "formada pelo próprio beneficiário com reservas periódicas que faz de seus recursos pessoais ao longo dos anos", com o objetivo de "converter este pecúlio em uma renda vitalícia ou por certo período de tempo, quando ele atingir determinada idade, ou quando o fundo é constituído por aportes depositados pela empresa na qual trabalha o beneficiário".[60]

O sistema de previdência social brasileiro é misto, composto pelo RGPS – Regime Geral de Previdência Social e pelos regimes próprios de previdência (RPPS), ambos públicos e compulsórios, que, porém, não atendem às necessidades daqueles que pretendem uma renda maior. Deste modo, os regimes públicos se conciliam com o denominado Regime Complementar, este privado e facultativo, gerido por entidades abertas (neste caso, podem ser contratados por qualquer pessoa) ou fechadas (destinados a uma categoria específica de usuários) de previdência.

Essa distinção entre regime aberto e fechado de previdência constitui elemento balizador para se definir se os saldos de previdência privada se constituem em bens comuns, e, desta forma, serão objeto de partilha.

Sob o fundamento de que as entidades abertas comercializam livremente planos previdenciários e têm a finalidade de obtenção de lucro, concluiu a 4ª Turma do STJ[61] que a quantia depositada nestas entidades, durante a constância da relação conjugal, equipara-se a outras aplicações financeiras, de modo que deve o valor ser partilhado, desde que o beneficiário não esteja recebendo proventos resultantes do plano.

Portanto, em virtude da possibilidade de resgate das contribuições ao plano de previdência, as reservas financeiras aportadas durante o vínculo conjugal são patrimônio que "deve ser partilhado de acordo com as regras do regime de bens, assim como o seriam tais valores se

---

60 MADALENO, Rolf. *Direito de Família*. 12. ed.. Rio de Janeiro: Forense, 2022, p. 872.

61 REsp 1.698.774/ RS, 3ª Turma, Rel. Min. Nancy Andrighi, j. 1.9.2020, DJe 9.9.2020.

depositados em outro tipo de aplicação financeira, como contas bancárias e cadernetas de poupança" (STJ).

Tal conclusão também se justifica pelo fato de que, como observado no voto que conduziu o acórdão, embora os rendimentos do trabalho pertençam a cada cônjuge, "os bens com eles adquiridos passam a integrar o patrimônio comum do casal sejam móveis, imóveis, direitos ou quaisquer espécies de reservas monetárias de que ambos os cônjuges disponham."

Por outro lado, quando se trata de plano fechado de previdência privada, as verbas não podem ser resgatadas da forma que aprouver ao participante, que somente poderá fazê-lo quando perder o vínculo empregatício ou completar os requisitos específicos para tanto.

Ademais, as entidades fechadas atuam de forma integrada ao sistema oficial de previdência social, submetendo-se à fiscalização da Superintendência Nacional de Previdência Complementar (Previc) e do Conselho de Gestão da Previdência Complementar (CGPC).

Deste modo, concluiu o STJ[62] que o benefício de previdência privada fechada é excluído da partilha em dissolução de união estável regida pela comunhão parcial.

Destacou o relator que "não faria sentido possibilitar a partilha do benefício, visto que o princípio nuclear da previdência complementar fechada é justamente o equilíbrio financeiro e atuarial. Admitir o resgate antecipado de renda capitalizada em desfavor da massa de participantes e beneficiários de um fundo, significaria lesionar terceiros de boa-fé que assinaram previamente o contrato sem tal previsão."

g) Crédito previdenciário

Segundo o STJ, o crédito decorrente de aposentadoria pelo RGPS integra o patrimônio comum do casal, ainda que o benefício tenha sido concedido retroativamente após o divórcio, devendo ser partilhado no limite do que corresponde ao período do casamento/união estável.

Destacou a relatora do REsp 1651292/RS que "o crédito previdenciário decorrente de aposentadoria pela previdência pública que, conquanto recebido somente veio a ser recebido após o divórcio, tem

---

[62] STJ, REsp 1.477.937/MG, 3ª Turma, Rel. Min. Ricardo Villas Bôas Cueva, j. 27.4.2017, DJe 20.06.2017.
Defende Flávio Tartuce (*Direito Civil:* Direito de Família. v.5. São Paulo: Grupo GEN, 2024. p. 171.) que os fundos privados de pensão devem se comunicar, sob pena de abrir as portas para as fraude às meações dos cônjuges ou conviventes, que passarão a investir em fundos em vez de adquirirem imóveis, por exemplo, livrando estes valores da divisão.

como elemento causal uma ação judicial ajuizada na constância da sociedade conjugal e na qual se concedeu o benefício retroativamente a período em que as partes ainda se encontravam vinculadas pelo casamento, deve ser objeto de partilha".[63]

A questão, portanto, foi apreciada sob a mesma perspectiva das indenizações trabalhistas, das verbas salariais recebidas em atraso e do Fundo de Garantia por Tempo de Serviço.

h) Fundo de comércio (ou fundo empresarial)

O fundo de comércio se constitui de bens materiais (como mercadorias, instalações, estoque, máquinas, dinheiro) e imateriais (como o nome fantasia, o ponto comercial, a marca, a propriedade intelectual, a clientela, os *softwares*), "reunidos e organizados pela empresa para a produção de seus benefícios econômicos, compondo toda uma estrutura empresarial apta a ser transferida".[64]

A reunião desses bens "cria a capacidade de gerar resultados econômicos",[65] sendo suscetíveis de transferência para terceiros.

Havendo transferência do fundo de comércio, "raramente existe coincidência do valor constante do contrato, estatuto social ou balanço patrimonial de uma sociedade empresária, pois frequentemente ocorrem significativas divergências entre os valores contábeis e a realidade patrimonial".[66]

Nesse contexto, para que seja adequadamente aferido o processo do trepasse de uma empresa, é necessário avaliar este conjunto de bens "que compõem o estabelecimento empresarial, conforme o disposto no artigo 1.142 do Código Civil, consolidando-se na prática jurídica para avaliação do preço também a integração do fundo de comércio (ou fundo empresarial)".[67]

---

[63] REsp n. 1.651.292/RS, Rel. Min. Nancy Andrighi, 3ª Turma, julgado em 19.5.2020, DJe de 25.5.2020. "Em síntese, se houvesse sido deferida, administrativamente pelo INSS, a aposentadoria do recorrido em 1999 (na constância do casamento), haveria a comunicação dos valores por ele recebidos a esse título até o momento do divórcio (ocorrido em 2008), razão pela qual o recebimento posterior deste benefício, mas referente a contribuições ocorridas ao tempo do vínculo conjugal, deve igualmente ser objeto de comunicação e, consequentemente, de sobrepartilha com a recorrente, observado o período compreendido entre 17/11/1999 (data do indeferimento do requerimento do pedido administrativo perante o INSS e que serviu de base à concessão judicial do benefício) e 12/08/2008 (data do divórcio)."

[64] MADALENO, Rolf. *Manual de Direito de Família*. Rio de Janeiro: Forense, 2017, p. 896.

[65] VENOSA, Sílvio de Salvo; RODRIGUES, Cláudia. *Direito empresarial*. 11. ed, Barueri: Atlas, 2023, p. 54.

[66] MADALENO, Rolf. *Manual de Direito de Família*. Rio de Janeiro: Forense, 2017, p. 896.

[67] *Ibidem*, p. 896.

Deste modo, sustenta Rolf Madaleno que "o fundo de comércio de uma empresa é considerado fruto, não havendo como negar esta natureza com relação à clientela formada com o trabalho dos cônjuges na empresa e fora dela, enquanto vigente o casamento em regime de comunhão".[68]

i) Clientela dos profissionais liberais

Partindo do pressuposto de que o art. 966, parágrafo único, do Código Civil estabelece que não se considera empresário quem exerce profissão intelectual, de natureza científica, literária ou artística, ainda com o concurso de auxiliares ou colaboradores, verifica-se que a legislação civil afasta os profissionais da definição de empresário, a menos que o exercício da profissão constitua elemento de empresa.

Assim, "ainda que os escritórios profissionais guardem semelhança com a estrutura empresarial e atuem com um espírito empreendedor típico de uma empresa", não se trata de uma sociedade empresária, razão pela qual não vem sendo reconhecido "o direito à meação e partilha do fundo de comércio sobre a atividade liberal ou um fundo de produtividade pelo espírito de colaboração e solidariedade do cônjuge na formação de uma carteira de clientes".[69]

A mesma conclusão se aplica às sociedades simples (arts. 997 e ss. do CC) formadas por profissionais liberais, como médicos, engenheiros, dentistas, advogados, arquitetos, que não se enquadram como empresários.

Embora estas sociedades construam uma carteira de clientes, com consequentes benefícios financeiros que lhe agregam valor, já decidiu o STJ que não entram na partilha, ainda que contem com a colaboração de auxiliares, uma vez que o exercício da profissão não constituirá elemento de empresa.[70]

j) Cotas de sociedade limitada

O cônjuge/companheiro de sócio não é sócio da sociedade da qual participa o cônjuge/convivente, "mas ele pode ser comparado em razão da partilha de sua meação como um credor e, embora o credor do

---

[68] *Ibidem*, p. 896.

[69] MADALENO, Rolf. *Manual de Direito de Família*. Rio de Janeiro: Forense, 2017. p. 897.

[70] REsp. n. 1.227.240/SP, 4ª T, Rel. Min. Luis Felipe Salomão, julgado em 26.0.2015. Acerca deste tema, também são relevantes dos Enunciados 193, 194 e 195 da III Jornada de Direito Civil do CJF/STJ.

sócio não tenha o direito de ingressar à força na sociedade, ele se sub-roga nos direitos patrimoniais correspondentes às quotas penhoradas ou correspondentes à sua meação".[71]

O art. 600, parágrafo único, do Código de Processo Civil prevê a possibilidade de ex-cônjuge/ex-companheiro de sócio pleitearem em juízo a liquidação da quota deste, por meio da apuração de seus haveres na sociedade.

Ao ex-cônjuge/ex-companheiro será efetuado o pagamento da respectiva meação, à conta da quota social do respectivo sócio. Por exemplo, se as quotas do cônjuge-sócio valiam R$ 500.000,00, seu ex-cônjuge terá direito à metade deste valor a título de partilha, e aquele que é sócio terá uma redução proporcional de suas cotas.

Neste caso, não ocorre, necessariamente, a dissolução parcial da sociedade, "mas uma significativa redução da participação societária do cônjuge [sócio] que se divorcia ou do convivente que rompe sua relação afetiva e precisa liquidar parcela de suas quotas em favor da meação de seu parceiro".[72]

k) Comunhão de bens móveis

Presumem-se adquiridos na constância do casamento os bens móveis, consoante prevê o art. 1.662 do Código Civil. Trata-se de presunção legal de aquisição onerosa, de modo que se constituem em bens comuns do casal, sujeitos, portanto, à divisão igualitária.

Esta presunção legal não alcança qualquer tipo de móvel, mas se refere tão somente àquele de uso doméstico.

l) Dívidas dos cônjuges/companheiros

---

[71] MADALENO, Rolf. *Manual de Direito de Família*. Rio de Janeiro: Forense, 2017. p. 904.

[72] MADALENO, Rolf. *Manual de Direito de Família*. Rio de Janeiro: Forense, 2017. p. 904. Destaca o autor que "O Código Civil não trata dos critérios contábeis para a realização do balanço especial ou de determinação, razão pela qual pelo STJ, no REsp. n. 1.335.619/SP, julgado pela sua Terceira Turma em 03 de marco de 2015, restou consolidada a realização de um balanço de determinação, com a seguinte ementa: "1. Na dissolução parcial de sociedade por quotas de responsabilidade limitada, o critério previsto no contrato social para a apuração dos haveres do sócio retirante somente prevalecerá se houver consenso entre as partes quanto ao resultado alcançado. 2. Em caso de dissenso, a jurisprudência do Superior Tribunal de Justiça está consolidada no sentido de que o balanço de determinação é o critério que melhor reflete o valor patrimonial da empresa. 3. O fluxo de caixa descontado, por representar a metodologia que melhor revela a situação econômica e a capacidade de geração de riqueza de uma empresa, pode ser aplicado juntamente com o balanço de determinação na apuração de haveres do sócio dissidente."

Podem os cônjuges/companheiros, independentemente de autorização do outro, qualquer que seja o regime de bens do casamento, comprar, ainda a crédito, as coisas necessárias à economia doméstica, como relacionadas à alimentação, manutenção e educação dos filhos, formação profissional, saúde, custos com funcionários domésticos, compra de imóveis, conservação e reparo de bens, etc.

Para tanto, podem, inclusive, obter, por empréstimo, as quantias que a aquisição dessas coisas possa exigir (CC, art. 1643).

As dívidas contraídas para tais fins obrigam solidariamente ambos os cônjuges, conforme o art. 1.644 do Código Civil.

Estas dívidas comuns são consideradas excepcionais, pois o art. 1.644 "restringe a presunção de dívida comum aos dispêndios realizados com a compra das coisas necessárias à economia doméstica", de modo que qualquer outra despesa dependerá da prova de que "se trata de dívida comum e não pessoal ou própria de quem a contraiu".[73]

As dívidas decorrentes da administração do patrimônio comum obrigam os bens comuns e particulares do cônjuge administrador e os do outro, na razão do proveito que houver auferido (CC, art. 1.663, §1º). Deste modo, a dívida compromete o patrimônio de ambos os cônjuges/companheiros, quando constituída em razão de proveito para o casal e para a família.

É razoável que estas dívidas ingressem na esfera de responsabilidade do casal. Todavia, aquelas realizadas em benefício particular, qualquer que seja o cônjuge/companheiro contratante, somente serão respondidas por quem as contraiu.

m) Uso exclusivo de imóvel comum por um dos cônjuges/companheiros

Vem entendendo o STJ que o uso exclusivo de imóvel comum do casal, por apenas um dos cônjuges/companheiros após a separação/divórcio, e ainda que não tenha sido formalizada a partilha, autoriza que aquele privado de sua fruição reivindique a parcela proporcional à sua quota-parte sobre a renda de um aluguel presumido, a título de indenização.

Este "uso exclusivo" não estará caracterizado quando um dos ex-cônjuges resida no imóvel com o filho comum do ex-casal, haja vista o proveito indireto do outro, cujo filho também reside no local.[74]

---

[73] MADALENO, Rolf. *Manual de Direito de Família*. Rio de Janeiro: Forense, 2017, p. 912.

[74] "RECURSO ESPECIAL. AÇÃO DE ARBITRAMENTO DE ALUGUEL. EX-CÔNJUGE QUE RESIDE NO IMÓVEL COMUM COM A FILHA DO EX-CASAL, PROVENDO

n) Lucros decorrentes da exploração de direitos autorais e da propriedade intelectual

Neste aspecto, é importante, de início, fazer a distinção entre direitos patrimoniais e direitos morais de autor.

Os direitos patrimoniais dizem respeito à exploração econômica da obra, ao que resulta dos negócios jurídicos a ela relativos. Já os direitos morais referem-se aos direitos de personalidade do autor, como o de reivindicar, a qualquer tempo, a autoria da obra; o de ter o seu nome indicado como sendo o autor; o de assegurar a integridade da obra, ou de modificá-la; dentre outros, previstos no art. 24, da Lei nº 9.610/98 (Lei de Direitos Autorais).

Partindo do pressuposto de que os direitos patrimoniais de autor correspondem à remuneração pelo seu trabalho, prevê o art. 39 da referida lei que estes não se comunicam. Por outro lado, ainda de acordo com este dispositivo, serão comunicáveis os rendimentos resultantes de sua exploração (frutos), produzidos durante o casamento, a menos que haja pacto antenupcial dispondo em sentido contrário.

Os direitos morais de autor, por outro lado, por se tratarem de direitos personalíssimos, extrapatrimoniais, inalienáveis e intransmissíveis, não se comunicam.

o) Restituição de imposto de renda

A restituição do imposto de renda de pessoa física consiste em crédito que ostenta origem salarial[75] e, por isso, não se comunica.

O SEU SUSTENTO. USO EXCLUSIVO E ENRIQUECIMENTO SEM CAUSA. NÃO CARACTERIZAÇÃO. 1. O uso exclusivo do imóvel comum por um dos ex-cônjuges — após a separação ou o divórcio e ainda que não tenha sido formalizada a partilha — autoriza que aquele privado da fruição do bem reivindique, a título de indenização, a parcela proporcional a sua quota-parte sobre a renda de um aluguel presumido, nos termos do disposto nos artigos 1.319 e 1.326 do Código Civil. 2. Tal obrigação reparatória — que tem por objetivo afastar o enriquecimento sem causa do coproprietário — apresenta como fato gerador o uso exclusivo do imóvel comum por um dos ex-consortes, a partir da inequívoca oposição daquele que se encontra destituído da fruição do bem, notadamente quando ausentes os requisitos ensejadores da chamada "usucapião familiar" prevista no artigo 1.240-A do citado Codex. Precedentes. 3. Na hipótese dos autos, desde o divórcio das partes, o ex-marido reside no imóvel comum em companhia da filha (cujo sustento provê quase que integralmente), sem efetuar nenhum pagamento a ex-esposa (coproprietária) a título de aluguel. [...]" REsp 1699013, 4ª Turma, Rel. Min. Luis Felipe Salomão, julgado em 4.5.2021, DJe: 4.6.2021.

[75] Quanto a esta natureza, assim já decidiu o TJDFT, ao apreciar pedido de penhora de imposto de renda: "[...] 1. Segundo o art. 833, IV, do CPC, são absolutamente impenhoráveis os vencimentos, subsídios, soldos e salários, bem como outras verbas destinadas à remuneração do trabalho. 2. A restituição do imposto de renda de pessoa física consiste em crédito que, no caso concreto, ostenta origem salarial e, por isso, não é passível de penhora para garantia

Nesse sentido, Rolf Madaleno: "a devolução do imposto de renda é restituição do fruto do trabalho do cônjuge e, por conseguinte, também ingressaria na regra da exclusão do inciso VI do artigo 1.659 do Código Civil".[76]

p) Microempreendedor Individual – MEI: ativo e passivo

A categoria de empresas classificadas como Microempreendedor Individual (MEI) foi criada pela Lei Complementar nº 123/2006. Esta modalidade foi criada para retirar da informalidade muitas categorias de profissionais autônomos que não tinham acesso a diversos benefícios, notadamente os previdenciários, em virtude do alto custo que teriam que arcar ao se cadastrarem como contribuintes individuais no INSS e terem que pagar os Alvarás de Autônomos no município.

Desde então, a formalização como MEI vem sendo o tipo de empresa com maior quantidade de novos negócios do Brasil, chegando a aproximadamente 15 milhões no ano de 2023.[77]

Deste modo, igualmente cresceram os questionamentos acerca de eventual partilha do lucro e das dívidas decorrentes do MEI, no regime de comunhão parcial de bens.

Em decisão de 2019, concluiu o Tribunal de Justiça do Rio Grande do Sul que, como o patrimônio da microempresa individual, tanto ativo quanto passivo, se confunde com o patrimônio do empresário, as dívidas contraídas pelo empresário individual se comunicam:

> APELAÇÃO CÍVEL. AÇÃO DE DIVÓRCIO. REGIME DA COMUNHÃO PARCIAL. PARTILHA DE BENS. PATRIMÔNIO DA MICROEMPRESA INDIVIDUAL (MEI). DÍVIDAS. ALIMENTOS. [...] 2. Patrimônio da microempresa individual (MEI). O patrimônio da microempresa – ativo e/ou passivo - se confunde com o patrimônio do empresário individual. Daí porque é bem que se comunica, em virtude do regime da comunhão parcial, a partir do rompimento da relação conjugal. Logo, as dívidas contraídas pelo varão/empresário individual, devidamente comprovadas, devem ser divididas entre os litigantes, na proporção de 50% para cada um, como decidiu o juízo na origem.[...] (TJ-RS - AC: 70082135807 RS,

---

de título executivo extrajudicial desprovido de caráter alimentar." (Acórdão 1397416, 07355891120218070000, Relator: Sandra Reves, Segunda Turma Cível, data de julgamento: 2/2/2022, publicado no DJE: 23/2/2022).

[76] MADALENO, Rolf. *Manual de Direito de Família*. Rio de Janeiro: Forense, 2023, p. 870.

[77] Fonte: Sebrae (Disponível em: https://sebrae.com.br/sites/PortalSebrae/artigos/brasil-tem-quase-15-milhoes-de-microempreendedores-individuais,e538151eea156810VgnVCM1000001b00320aRCRD).

> Relator: Luiz Felipe Brasil Santos, Data de Julgamento: 26/9/2019, Oitava Câmara Cível, Data de Publicação: 30/9/2019)

No mesmo sentido já decidiu o Tribunal de Justiça de Goiás, em decisão de 2020:

> EMENTA: APELAÇÃO CÍVEL. AÇÃO DE DIVÓRCIO C/C PARTILHA DE BENS. COMUNHÃO PARCIAL. PATRIMÔNIO DA MICROEMPRESA INDIVIDUAL. BEM A SER PARTILHADO. [...] II – O patrimônio de empresa individual se confunde com o próprio patrimônio da pessoa natural do empresário, devendo, portanto, fazer parte dos bens a serem partilhados, eis que a empresa foi constituída na constância do casamento. RECURSO CONHECIDO E PROVIDO. (TJ-GO – Apelação (CPC): 0 2117144820168090175, Relator: Des (a). SEBASTIÃO LUIZ FLEURY, Data de Julgamento: 21/07/2020, 3ª Câmara Cível, Data de Publicação: DJ de 21/07/2020)

Todavia, tal entendimento não é uníssono em nossos tribunais. Em acórdão de 2021, por exemplo, o Tribunal de Justiça do Paraná concluiu que, para que a dívida seja comum do casal, é necessário demonstrar que esta fora contraída em prol da entidade familiar:

> DIREITO CIVIL E PROCESSUAL CIVIL. AÇÃO DE RECONHECIMENTO E DISSOLUÇÃO DE UNIÃO ESTÁVEL. SENTENÇA DE PARCIAL PROCEDÊNCIA. IRRESIGNAÇÃO DO REQUERIDO. PLEITO DE PARTILHA DE DÍVIDAS CONTRAÍDAS NA CONDIÇÃO DE EMPRESÁRIO INDIVIDUAL, DURANTE O PERÍODO DA UNIÃO ESTÁVEL. AUSÊNCIA QUE QUAISQUER ELEMENTOS QUE DEMONSTREM QUE A OBRIGAÇÃO FOI TOMADA EM PROL DA ENTIDADE FAMILIAR. INTELIGÊNCIA DO § 1º DO ART. 1.663 E ART. 1.664, DO CÓDIGO CIVIL. APELANTE QUE NÃO SE DESINCUMBIU DO ÔNUS PROBATÓRIO (ART. 373, I DO CPC). SENTENÇA MANTIDA. HONORÁRIOS MAJORADOS EM GRAU RECURSAL. 1. Caso em que o Requerido/Apelante, como microempreendedor individual, exercia a atividade empresária de pintor, de prestador de serviços na área da construção civil, durante a união estável. 2. Nitidamente, no caso dos autos, basta olhar a lista de protestos para verificar que a microempresa está sendo protestada por fornecedores de material para sua atividade de pintor, o que de plano já descarta que tais dívidas tenham sido contraídas em prol da entidade familiar, pois se trata de dívida de insumos. 3. O art. 1.664 do Código Civil prevê que "os bens da comunhão respondem pelas obrigações contraídas pelo marido ou pela mulher para atender aos encargos da família, às despesas de administração e às decorrentes

de imposição legal". No mesmo sentido, prevê o § 1º, do art. 1.663, que "as dívidas contraídas no exercício da administração obrigam os bens comuns e particulares do cônjuge que os administra, e os do outro na razão do proveito que houver auferido". 4. No caso, ainda que se entenda que as dívidas do empresário individual se confundem com a pessoa natural, não há como superar o fato de que não foram tomadas em prol da entidade familiar, inexistindo prova nesse sentido, razão pela qual não prospera o apelo. RECURSO CONHECIDO E NÃO PROVIDO. (TJ/PR. AC 015803-87.2019.8.16.0017. Rel. Des. Ivanise Maria Tratz Martins. 12ª CC. Julgamento em 21/6/2021)

Apreciando agravo em Recurso Especial interposto para questionar o julgado acima transcrito, em decisão monocrática, o Min. Raul Araújo deixou de apreciar o recurso, por entender que a análise demandaria revolvimento de prova. Contudo, tal conclusão deixou evidenciado o entendimento de que a partilha da dívida dependeria da apreciação das provas de que tais dívidas foram contraídas em benefício da entidade familiar (AREsp 2021316-PR. DJe 3/4/2023), na mesma linha, portanto, do acórdão recorrido.

Em nosso entender, andou bem a decisão do TJ/PR, ao condicionar a partilha da dívida do MEI à demonstração de que esta teria sido contraída em benefício da entidade familiar, observados os termos dos arts. 1.663, §1º e 1.664, ambos do Código Civil.

2.2.1.1 Resumo esquemático das questões especiais

(continua)

Bem financiado	As parcelas pagas no curso da relação integram o patrimônio comum do casal. (TJRS. Apelação Cível, nº 70082063603)
Casa construída em terreno dos sogros	Deverá ser promovida a partilha dos direitos decorrentes da edificação da casa, que se trata de patrimônio constituído com a participação de ambos. (REsp. 1327652/RS)
Valorização das cotas sociais de sociedade empresária	Entende o Superior Tribunal de Justiça que a valorização patrimonial das cotas sociais de sociedade limitada, por decorrer de mero fenômeno econômico, e não do esforço comum dos consortes, não se comunica. (REsp 1173931/RS)

(continua)

Verbas trabalhistas	A jurisprudência do STJ vem incluindo na comunhão de bens as verbas trabalhistas pleiteadas judicialmente por um dos cônjuges durante a união, ainda que venham a ser posteriormente recebidas. (REsp 646.529/SP)
Diferenças salariais relativas a reajuste concedido a servidor público	Integram o patrimônio comum do casal os valores atrasados oriundos de diferenças salariais relativas a reajuste concedido a servidor público, quando "recebidos por um dos ex-cônjuges por força de decisão judicial, após a dissolução do vínculo conjugal, mas correspondentes a direitos adquiridos na constância do casamento celebrado sob o regime da comunhão parcial de bens" (REsp 1.096.537/RS)
Valores depositados em conta do FGTS	Deve ser verificado o momento em que foram depositados, de modo que existe direito à meação dos valores depositados em conta vinculada ao FGTS durante o casamento/união estável. (REsp 1.399.199/RS)
Previdência privada aberta	O valor existente em plano de previdência complementar aberta, antes de sua conversão em renda e pensionamento ao titular, tem natureza de aplicação e investimento, devendo ser objeto de partilha por ocasião da dissolução do vínculo conjugal. (RESP 1880056/SE)
Previdência privada fechada	O benefício de previdência privada fechada é excluído da partilha. (REsp 1.477.937/MG)
Créditos previdenciários	O crédito decorrente de aposentadoria pelo RGPS integra o patrimônio comum do casal, ainda que o benefício tenha sido concedido retroativamente após o divórcio, devendo ser partilhado no limite do que corresponde ao período do casamento/união estável. (REsp 1651292/RS)
Fundo de comércio	É considerado fruto, sendo partilhável quanto ao constituído enquanto vigente o casamento/união estável.
Clientela dos profissionais liberais	Embora os profissionais liberais construam uma carteira de clientes, com consequentes benefícios financeiros que lhe agregam valor, já decidiu o STJ que esta não entra na partilha, uma vez que o exercício da profissão não constituirá elemento de empresa. (REsp. n. 1.227.240/SP)

(conclusão)

Cotas de sociedade limitada	O cônjuge/companheiro de sócio não é sócio da sociedade da qual participa o cônjuge/convivente, mas ele pode ser comparado a um credor, em razão da partilha de sua meação, e se sub-roga nos direitos patrimoniais correspondentes às quotas penhoradas ou equivalentes à sua meação.
Bens móveis	Presumem-se adquiridos na constância do casamento os bens móveis, consoante prevê o art. 1.662 do Código Civil. Obs.: Esta presunção legal se refere tão somente àquele de uso doméstico.
Dívidas	Os dispêndios realizados com a compra das coisas necessárias à economia doméstica obrigam solidariamente ambos os cônjuges/companheiros.
Uso exclusivo de imóvel comum	O uso exclusivo de imóvel comum do casal, por apenas um dos cônjuges/companheiros após a separação/divórcio, autoriza que aquele privado de sua fruição reivindique a parcela proporcional à sua quota-parte sobre a renda de um aluguel presumido, a título de indenização. (REsp 1699013)
Lucros decorrentes da exploração de direitos autorais e da propriedade intelectual	Direitos patrimoniais de autor correspondem à remuneração pelo seu trabalho, e não se comunicam (Lei de Direitos Autorais, art. 39). Comunicam-se, por outro lado, os rendimentos resultantes de sua exploração (frutos) produzidos durante o casamento, a menos que haja disposição diversa em pacto antenupcial. Os direitos morais de autor, por se tratarem de direitos personalíssimos, não se comunicam.
Restituição de imposto de renda	Por ter natureza salarial, não se comunica.
Microempreendedor individual	Não há consenso no âmbito dos tribunais. Há julgados no sentido de que os lucros e as dívidas devem ser partilhados. Todavia, há decisões (inclusive monocrática do STJ – AREsp 2021316-PR) concluindo que as dívidas só devem ser partilhadas se demonstrado que contraídas para atender aos encargos da família. Comungamos deste último entendimento.

2.3 O que não entra na comunhão?

Serão excluídos da comunhão os bens previstos no rol taxativo do art. 1.659 do Código Civil. Estes constituirão os bens particulares de cada cônjuge/companheiro, e, portanto, não integrarão a partilha.

No regime da comunhão parcial não se comunicam os bens que cada cônjuge/companheiro já possuía ao casar. Igualmente se constitui como bem particular o percebido por meio de doação ou sucessão, ainda que durante o casamento (independentemente da natureza do bem, sejam móveis, imóveis, seja até mesmo dinheiro).

Caso tais bens particulares sejam vendidos, e com o produto exclusivo da venda sejam adquiridos outros bens (portanto, sub-rogados no lugar daqueles), estes também se constituem como bens particulares.

O mesmo ocorre caso o valor resultante da venda seja aplicado financeiramente, de modo que a respectiva quantia continua sendo considerada bem particular.[78]

Frise-se que não se comunica o bem adquirido durante o casamento com valor pertencente exclusivamente a um dos cônjuges. Caso haja necessidade de complementação do valor para aquisição do novo bem (sub-rogado), o valor excedente será considerado bem comum, como demonstram os exemplos abaixo:

Situação A:

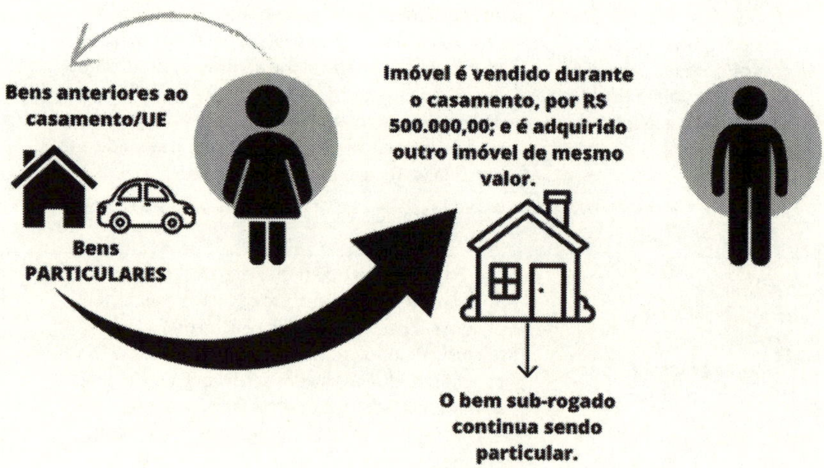

[78] Todavia, os frutos produzidos em decorrência da aplicação (os rendimentos) que sejam produzidos durante o casamento/união estável constituem bem comum do casal, tal como prevê o art. 1.660, V, do CC, do qual tratamos no item 2.2.

Situação B:

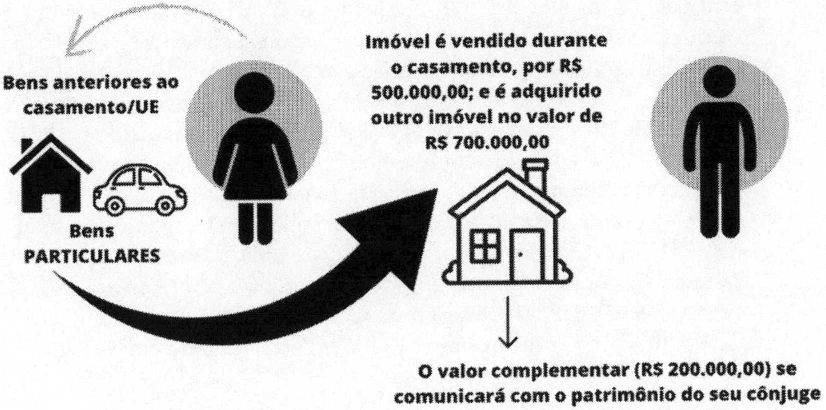

Necessária a prova da sub-rogação, para que o bem seja excluído da partilha, tal como vêm decidindo os tribunais:

> [...] TJRS. PARTILHA DE VEÍCULOS. SOB-ROGAÇÃO RECONHECIDA. No caso, em relação aos veículos logrou comprovar o demandado/recorrido que utilizou de valor da venda anterior de veículos para aquisição de novos automóveis, portanto, reconhecida a sub-rogação, sendo usados valores que integravam a renda familiar para completar a aquisição do veículo Tiguan. Desta forma, devem integrar a partilha de forma igualitária entre as partes, a quantia da diferença entre o valor de avaliação (FIPE de janeiro de 2021) da VW/Tiguan de placas RAH9966 e o valor de avaliação (FIPE de janeiro de 2021) da MMC/Outlander de placas IVZ0E97, devendo ser paga a meação da autora pelo demandado. [...] (Apelação Cível, Nº 50022809620218210021, Sétima Câmara Cível, Tribunal de Justiça do RS, Relator: Carlos Eduardo Zietlow Duro, Julgado em: 4-10-2023)
>
> [...] Insurgência recursal que se resume à partilha de imóvel adquirido pelo ex-casal, na constância do relacionamento. Aplicam-se às relações patrimoniais na união estável, no que couber, o regime da comunhão parcial de bens, a teor do art. 1.725 do Código Civil. Comunicam-se no regime de comunhão parcial os bens que sobrevierem aos companheiros, na constância da união estável, excluindo-se da comunhão os bens que cada qual possuir ao início da união, e os que lhe sobrevierem, na constância do relacionamento, por doação ou sucessão, e os sub-rogados em seu lugar, assim como os bens adquiridos com valores exclusivamente pertencentes a um dos companheiros em sub-rogação dos bens particulares. Para que os bens sejam excluídos da comunhão, deve haver prova cabal de uma

> das causas de exclusão de bens da partilha, porque se trata de exceção à regra da comunicabilidade, competindo o ônus da prova àquele que a alega, forte no art. 373, incisos I e II, do CPC, pois se presume a comunicabilidade do patrimônio adquirido onerosamente na constância da relação. Considerando que a união estável estabelecida entre as partes, sob o regime da comunhão parcial de bens, durou de dezembro de 2006 a janeiro de 2018, e, tendo o imóvel em questão sido adquirido em 2015, em partes iguais pelos ex-companheiros, conforme consta na respectiva matrícula, não tendo o apelante logrado em comprovar que, boa parte (66,26%) do bem, teria sido comprado por meio de sub-rogação de herança (art. 373, II, do CPC), forçosa a partilha do imóvel, na ordem de 50% para cada parte, como bem estabelecido na sentença. [...] (Apelação Cível, Nº 50006635920188210166, Sétima Câmara Cível, Tribunal de Justiça do RS, Relator: Carlos Eduardo Zietlow Duro, Julgado em: 1-9-2023)

Também não se comunicam as obrigações anteriores ao casamento/união estável, de modo que estas devem ser adimplidas pelo patrimônio exclusivo do cônjuge/companheiro devedor.

Do mesmo modo, não serão comuns as obrigações provenientes de atos ilícitos – ainda que contraídas durante o casamento/união estável – sejam estes criminais, sejam civis, salvo quando haja reversão em proveito do casal.

Neste cenário, se um dos cônjuges causa dano a terceiro, por exemplo, o patrimônio do outro não responderá por eventual indenização devida.

Todavia, se o casal obtiver proveito em decorrência da prática do ato ilícito, o patrimônio de ambos responderá. É o que ocorre, por exemplo, no caso de um dos cônjuges praticar uma fraude tributária, sonegando impostos para a aquisição de um imóvel para a família. Neste caso, havendo provas de que o ato ilícito gerou benefício para ambos, estes responderão conjuntamente.

Nesse sentido dispõe a Súmula 251 do Superior Tribunal de Justiça: "A meação só responde pelo ato ilícito quando o credor, na execução fiscal, provar que o enriquecimento dele resultante aproveitou ao casal."

Assim já decidiu o Tribunal de Justiça do Rio Grande do Sul:

> APELAÇÃO CÍVEL. TRIBUTÁRIO. EMBARGOS DE TERCEIRO. PENHORA DE IMÓVEL. RESGUARDA DA MEAÇÃO. CABIMENTO. SÚMULA 251 DO STJ. AUSÊNCIA DE PROVA POR PARTE DO CREDOR QUANTO A TER O ATO ILÍCITO RESULTADO EM PROVEITO

DO CASAL. [...] I) Conforme súmula nº 251 do STJ, "a meação só responde pelo ato ilícito quando o credor, na execução fiscal, provar que o enriquecimento dele resultante aproveitou ao casal". Assim, é ônus do credor demonstrar/comprovar que o enriquecimento resultante do ato ilícito aproveitou ao casal, prova que inexiste no presente caso, devendo ser preservada a meação da embargante. (Apelação Cível, Nº 70077312510, Vigésima Segunda Câmara Cível, Tribunal de Justiça do RS, Relator: Francisco José Moesch, Julgado em: 30-5-2018)

Também não entram na comunhão os bens de uso pessoal, os livros e os instrumentos de profissão.

"Bens de uso pessoal são aqueles destinados à existência cotidiana de cada um, à sua intimidade pessoal, como suas roupas, suas lembranças, suas joias, seus objetos de lazer, seu celular, seu computador, seus arquivos pessoais [...]".[79]

Não é incomum a discussão acerca do que se configura como bem de uso pessoal em um processo de divórcio, razão pela qual ganha relevo a análise de como tais questões vêm sendo decididas pelo Judiciário.

Em decisão de 2018, a Ministra Maria Isabel Galotti concluiu que veículo adaptado para deficiência motora do réu constitui bem de uso pessoal, excluindo-o da partilha, com base no art. 1.659, V, do CC.[80]

Quanto a joias, o Tribunal de Justiça do Rio Grande do Sul já decidiu que acervo oriundo da família é de uso exclusivo e constitui bem de uso pessoal, não compondo, portanto, a partilha.[81]

Por outro lado, defende Conrado Paulino da Rosa que uma coleção de relógios ou joias valiosas, adquiridos na constância da relação, embora possa, a princípio, constituir objetos de uso pessoal,

---

[79] LÔBO, Paulo. *Direito Civil. Famílias.* 14. ed. São Paulo: Saraiva, 2024. p. 358 (ePUB).

[80] AREsp n. 1.223.873/RS, Ministra Maria Isabel Gallotti, DJe de 19/6/2018.

[81] "APELAÇÃO CÍVEL. AÇÃO DE RECONHECIMENTO E DISSOLUÇÃO DE UNIÃO ESTÁVEL. PARTILHA DE BENS. JOIAS RECEBIDAS DURANTE A CERIMÔNIA RELIGIOSA DE CASAMENTO ISLÂMICO. BEM DE USO PESSOAL. EXCLUSÃO DA PARTILHA. [...] 2. Partilha. As partes entabularam acordo, homologado em audiência, com relação ao período que perdurou a união estável e à partilha de alguns bens, remanescendo a controvérsia apenas quanto à divisão das joias que foram entregues à demandada pelos familiares do noivo (autor) durante a cerimônia do casamento religioso islâmico. Por força do disposto no art. 1.659, V, do CC, aplicável à união estável, as joias estão excluídas da partilha, porque constituem bens de uso pessoal. Assim, é irrelevante a discussão travada nos autos acerca da origem familiar desses bens, pois foram doados à noiva durante o casamento, constituindo, a partir daí, patrimônio exclusivo dela. Sentença modificada, para julgar improcedente a demanda em relação ao pedido de partilha das joias." (APELAÇÃO CÍVEL OITAVA CÂMARA CÍVEL Nº 70075259689 (Nº CNJ: 0290083- 78.2017.8.21.7000); Julg. 30/11/2017. Rel. Des. Luiz Felipe Brasil Santos.)

o afastamento deste acúmulo da partilha afrontaria a ordem jurídica, que proíbe o enriquecimento se causa (CC, art. 884).[82]

No caso de livros e instrumentos de profissão, a exclusão da partilha se dá em virtude da relevância para a prática profissional de cada cônjuge. Todavia, caso ambos tenham a mesma profissão e atuem utilizando os mesmo instrumentos, não há como predominar esta regra. O mesmo se diga quanto à aquisição de obras raras no curso do relacionamento, que poderia gerar "direito à meação sobre os valores empregados na compra do acervo".[83]

2.4 Administração dos bens comuns e responsabilidade pelas dívidas deles decorrentes

A administração dos bens comuns é atribuição e direito de qualquer dos cônjuges/companheiros, em situação de igualdade, tal como prevê o art. 1.663 do Código Civil.

Em virtude da isonomia que deve existir entre os cônjuges, essa administração deve se dar em conjunto. Todavia, nada obsta que, mediante acordo prévio, ela seja atribuída a apenas um deles.

Ainda assim, os atos de disposição ou oneração de bens imóveis, bem como a doação de móveis e a prestação de fiança ou aval dependem da autorização do outro. Igualmente necessitam da anuência de ambos para a prática dos atos, a título gratuito, que impliquem cessão do uso ou gozo dos bens comuns (art. 1.663, §2º).

Em caso de dilapidação ou prejuízo do patrimônio comum pelo cônjuge administrador, este irá responder com seu patrimônio particular e perderá a administração dos bens em benefício do outro, mediante decisão judicial (CC, art. 1.663, §3º).

Também obrigam os bens particulares do cônjuge administrador as dívidas contraídas no exercício da administração. Neste caso, estas igualmente obrigam os bens comuns do casal – pois se presumem contraídas no interesse da família –, e os particulares do outro, na proporção do proveito que houver auferido (art. 1.663, §1º).

---

82 ROSA, Conrado Paulino da. *Direito de Família Contemporâneo*. 7. ed., Salvador: Juspodivm, 2020, p. 259.

83 ROSA, Conrado Paulino da. *Direito de Família Contemporâneo*. 7. ed., Salvador: Juspodivm, 2020, p. 260.

Prevê, ainda, o art. 1.664 que os bens comuns respondem pelas obrigações contraídas por qualquer dos cônjuges/companheiros[84] para atender aos encargos da família, às despesas de administração e às decorrentes de imposição legal (como tributos, por exemplo).

Destaca Paulo Lôbo que, para fins de proteção de terceiros interessados ou credores, a lei presume que "a dívida contraída por um dos cônjuges tenha recebido o consentimento do outro".[85] Trata-se de presunção absoluta, haja vista se referirem a dívidas oriundas das necessidades da família e da administração dos próprios bens comuns.

Tais dívidas compreendem despesas como alimentação, fornecimento de água, luz, telefone, gás, serviços domésticos, educação, lazer, transporte, tributos incidentes sobre o imóvel da família, dentre outras de mesma natureza.

Quadro-resumo	
Espécie de dívida/obrigação/ responsabilidade	**Quem responde?**
Dilapidação ou prejuízo do patrimônio comum pelo cônjuge administrador	Obrigam os bens particulares do cônjuge administrador (CC, art. 1.663, §1º)
Dívidas contraídas no exercício da administração dos bens comuns	Obrigam os bens particulares do cônjuge administrador, bem como os bens comuns do casal – pois se presumem contraídas no interesse da família. Também obrigam os bens particulares do outro, na proporção do proveito que houver auferido. (CC, art. 1.663, §1º)
Obrigações contraídas por qualquer dos cônjuges para atender aos encargos da família, às despesas de administração e às decorrentes de imposição legal	Obrigam os bens comuns (CC, art. 1.664)

84 "Art. 1.664. Os bens da comunhão respondem pelas obrigações contraídas pelo marido ou pela mulher para atender aos encargos da família, às despesas de administração e às decorrentes de imposição legal."

85 LÔBO, Paulo. *Direito Civil. Famílias.* 14. ed. São Paulo: Saraiva, 2024. p. 358 (ePUB).

2.5 Administração dos bens particulares e responsabilidade pelas dívidas deles decorrentes

Compete ao cônjuge/companheiro titular a administração de seus respectivos bens particulares.

O art. 1.665 do Código Civil prevê a possibilidade de disposição diversa prevista em pacto antenupcial. Não obstante a lei se refira apenas à hipótese de casamento, esta possibilidade também pode ser aplicada no âmbito do contrato de união estável, podendo, portanto, a administração dos bens particulares de um ser feita pelo outro, ou por ambos os cônjuges/companheiros.

Tal previsão, todavia, não torna o bem particular um bem comum, mas, como prevê a lei, refere-se apenas à sua administração. Do mesmo modo, também não implica, por si só, a susceptibilidade do bem particular em responder por dívidas do administrador ou do casal, a menos que haja previsão nesse sentido no pacto antenupcial ou no contrato de união estável.

O referido art. 1.665 deve ser interpretado em consonância com o disposto no art. 1.647, I do CC, segundo o qual nenhum dos cônjuges pode, sem autorização do outro (exceto no regime de separação absoluta), alienar ou gravar de ônus real os bens imóveis, ainda que particulares.

A autorização é necessária em virtude do fato de que, nos regimes em que é possível a constituição de patrimônio comum, os frutos produzidos pelos bens particulares constituem bens comuns, de modo que a alienação de um bem imóvel particular sem a concordância do outro cônjuge, por exemplo, pode se dar em prejuízo deste.

Quanto às dívidas contraídas por qualquer dos cônjuges na administração de seus bens particulares e em benefício destes, ficam adstritas aos respectivos bens particulares, não obrigando os bens comuns (art. 1.666).

Quadro-resumo	
Espécie de dívida/obrigação/ responsabilidade	**Quem responde?**
Dívidas contraídas por qualquer dos cônjuges na administração de seus bens particulares e em benefício destes	Obrigam apenas os seus respectivos bens particulares

CAPÍTULO 3

REGIME DE COMUNHÃO UNIVERSAL DE BENS

3.1 Considerações iniciais – regras gerais

Até a entrada em vigor da Lei nº 6.515/77 (Lei do Divórcio) este era o regime legal, por isso, ainda hoje em dia muitos casais de gerações anteriores são casados por este regime.

Após a mudança legislativa, a comunhão universal passou a ser regime facultativo, que será escolhido mediante a celebração de pacto antenupcial ou contrato de união estável.

Por este regime, salvo as exceções previstas em lei, há uma comunicação dos bens do casal, tanto os anteriores ao casamento/ união estável quanto os presentes e futuros, constituindo, em regra, uma única massa patrimonial:

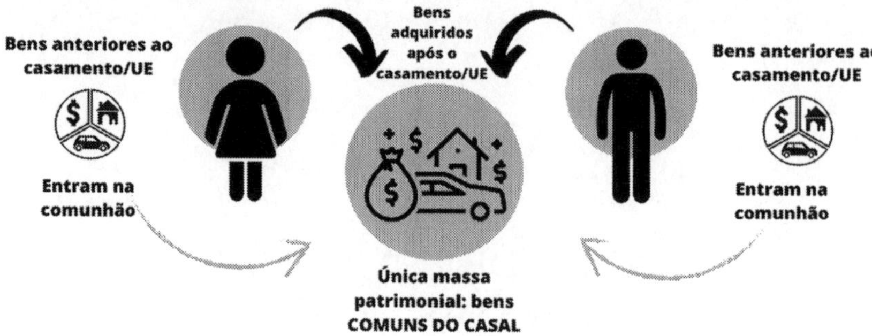

Há, portanto, salvo as exceções legais, uma junção dos bens anteriores de cada cônjuge/companheiro, bem como igualmente se comunicam os bens adquiridos na constância do casamento/união estável,[86] a título gratuito ou oneroso, inclusive quanto às obrigações: "o regime de comunhão universal importa a comunicação de todos os

[86] Francisco José Cahali argumenta ser inviável adotar o regime da comunhão universal de bens mediante contrato na união estável, sob o argumento de que seria inadequado o contrato dar retroatividade aos bens particulares preexistentes ao início da relação: "Assim, a comunhão universal ou doação de imóvel no contrato de convivência, ainda que levado a registro em títulos e documentos ou como escritura de declaração em tabelionato de notas, não terá valor para efeito de se transferir a propriedade ao parceiro." (CAHALI, Francisco José. *Contrato de convivência na união estável*. São Paulo: Saraiva, 2002. p. 82). Dimas Messias de Carvalho parece caminhar no mesmo sentido, quando afirma que o regime de comunhão universal "atualmente, só pode ser estipulado por meio de pacto antenupcial" (*Direito das Famílias*, São Paulo: SaraivaJur, 2023, p. 106, ePUB). Em nosso sentir, é possível, com base no art. 1.725 do Código Civil ("Na união estável, salvo contrato escrito entre os companheiros, aplica-se às relações patrimoniais, no que couber, o regime da comunhão parcial de bens."), a adoção, mediante contrato, do regime de comunhão universal de bens na união estável, tendo em vista que o referido dispositivo legal não prevê nenhuma limitação à escolha do regime entre os conviventes. Todavia, caso se trate de adoção deste regime no curso da convivência (tratando-se, pois, de mudança de regime), tendo em vista a retroatividade ínsita ao regime de comunhão universal (uma vez que alcança os bens pretéritos), esta alteração, a nosso ver, deve ser precedida de decisão judicial, observados, por analogia, os requisitos previstos no art. 1.639, §2º, do Código Civil. Também defendendo a possibilidade de adoção deste regime na união estável, Rolf Madaleno, para quem "nada impede que o contrato de união estável seja feito por meio de instrumento particular, ou que estabeleça o regime de comunhão universal de bens entre os conviventes, sendo certo que a ausência de registro obstaria que a avença fosse oponível a terceiros de boa-fé que contrataram com os conviventes." (MADALENO, Rolf. *Manual de Direito de Família*. Rio de Janeiro: Forense, 2023, p. 921.). Ainda segundo Madaleno, "este regime jamais poderia ser oposto contra credores preexistentes ao registro do contrato de convivência, sob pena de restar liberado o caminho da fraude na união estável, que, diferente do casamento, em que o pacto é realizado antes das núpcias, na união estável o regime pode ser contratado a qualquer tempo e sem a intervenção e controle judicial, como acontece, por exemplo, no casamento, para a mudança do regime escolhido em pacto antenupcial." (p. 922)

bens presentes e futuros dos cônjuges e suas dívidas passivas" (CC, art. 1.667), com as exceções do artigo seguinte (CC, art. 1.668).

Pontes de Miranda descreve este regime com base em dois pilares: "Tudo que há e que entra para o acervo dos bens do casal fica indistintamente, como se fora possuído ou adquirido, ao meio, por cada um", pois "os bens permanecem indivisos na propriedade unificada dos cônjuges, a cada um dos quais pertence metade imaginária que só se desligará da outra quando cessar a sociedade conjugal." Ademais, "tudo que cada cônjuge adquire se torna comum no mesmo momento em que se operou a aquisição: é o casal, e não eles, que adquire."[87]

3.2 O que não entra na comunhão universal? Bens incomunicáveis

Embora, em regra, neste regime se constitua uma única massa patrimonial, há relações patrimoniais – tanto ativas quanto passivas – que não integram os bens comuns do casal, mantendo-se na titularidade exclusiva de cada consorte.

Deste modo, dispõe o art. 1.668 do Código Civil, que são excluídos da comunhão:

a) os bens doados ou herdados com a cláusula de incomunicabilidade e os sub-rogados em seu lugar

Na comunhão universal, os bens recebidos a título gratuito, em regra, são comuns. Contudo, esta comunicabilidade será afastada se o doador ou o testador assim desejarem, dispondo expressamente nos respectivos instrumentos (contrato de doação ou testamento).

[87] MIRANDA, Pontes de. *Tratado de Direito Privado*. tomo 2. São Paulo: Revista dos Tribunais, 1971. p. 208.

Relevante destacar que, quanto aos bens percebidos a título gratuito, o regime de comunhão universal se distingue da comunhão parcial, tendo em vista que, nesta última, os bens recebidos gratuitamente, em regra, não se comunicam, a menos que haja disposição expressa que destine o bem a ambos os consortes:

Washington de Barros Monteiro[88] salienta que também devem ser incluídos nesta hipótese de incomunicabilidade os bens doados com cláusula de reversão,[89] tendo em vista que com a morte do donatário estes retornam ao doador que lhe sobrevive.

[88] MONTEIRO, Washington de Barros. *Curso de Direito Civil. Direito de Família*. 35. ed. São Paulo: Saraiva, 1999. p. 166.

[89] CC, Art. 547. "O doador pode estipular que os bens doados voltem ao seu patrimônio, se sobreviver ao donatário."

Trata-se, pois, de necessária interpretação sistemática, uma vez que o donatário, neste caso, tem o domínio resolúvel do bem, razão pela qual este não se comunica.

Igualmente não se comunicam os bens herdados com a cláusula de inalienabilidade, pois, por força do art. 1.911 do CC, a "cláusula de inalienabilidade, imposta aos bens por ato de liberalidade, implica impenhorabilidade e incomunicabilidade."[90]

Nesse sentido também a Sumula 49 do STF: "A cláusula de inalienabilidade inclui a incomunicabilidade dos bens".

O contrário, todavia, não ocorre: a cláusula de incomunicabilidade não implica a inalienabilidade do bem, de modo que é possível a venda de bens incomunicáveis ao outro consorte, desde que não se trate de negócio jurídico simulado (hipótese de nulidade absoluta), fraude contra credores (hipótese de anulabilidade), ou fraude à execução (causa de ineficácia).[91] Ademais, prevê o art. 499 do Código Civil que é lícita a compra e venda entre cônjuges, com relação aos bens excluídos da comunhão.

b) os bens gravados de fideicomisso e o direito do herdeiro fideicomissário, antes de realizada a condição suspensiva

Trata-se o fideicomisso de uma das formas de substituição de herdeiros,[92] e ocorre quando o testador (denominado fideicomitente) estabelece que, por ocasião de sua morte, sua herança ou legado serão transmitidos a uma pessoa de sua confiança (herdeiro fiduciário), a título resolúvel, para que, com a morte deste, a certo termo ou condição estabelecidos no testamento, os bens sejam transferidos para outro herdeiro (denominado fideicomissário), que recebe a herança ou legado de forma definitiva, consoante dispõe o art. 1.951 do Código Civil.

---

[90] Frise-se que, em se tratando de bens da legítima, tal cláusula precisa ser justificada: CC, "Art. 1.848. Salvo se houver justa causa, declarada no testamento, não pode o testador estabelecer cláusula de inalienabilidade, impenhorabilidade, e de incomunicabilidade, sobre os bens da legítima." A justificativa não é exigida quando se trate da parte disponível.

[91] TARTUCE, Flávio. *Direito civil: Direito de Família*. 19. ed. Rio de Janeiro: Forense, 2024. p. 178 (ePUB).

[92] Para Paulo Lôbo, não se trata de forma de substituição de herdeiro, pois "há dupla e simultânea vocação testamentária, separando-os apenas o tempo. Cada um tem uma específica titularidade sobre a mesma coisa; ambos são herdeiros ou legatários da mesma coisa. Tendo em vista sua natureza de propriedade resolúvel, o fideicomissário (por si, se capaz, ou por seu representante legal, se absolutamente incapaz ou ainda nascituro) pode reivindicar a coisa do poder do fiduciário, ou de terceiro." (LÔBO, Paulo Luiz Neto. *Direito Civil – Sucessões*, 9. ed., São Paulo: Saraiva Jur, 2023, p. 103 (ePUB)).

FIDEICOMISSO
CC, ART. 1.951

Como é resolúvel o domínio do herdeiro fiduciário em relação aos bens que lhe foram confiados (CC, art. 1.359), extinguindo-se quando houver o implemento da condição ou o advento do termo estipulados pelo testador, esta titularidade do bem não se comunica com o patrimônio do seu cônjuge.

Todavia, caso a condição não se implemente e o fiduciário passe a ter o domínio definitivo do acervo, este se incorpora ao patrimônio comum do casal.

Enquanto a condição é resolutiva para o fiduciário, ela é suspensiva para o fideicomissário, que, por sua vez, depende de seu implemento para que o direito eventual/expectativo se converta em plena aquisição do domínio.

Deste modo, sendo eventual o direito do fideicomissário, enquanto não realizada a condição, este direito expectativo é incomunicável. Se consolidado o domínio definitivo do bem, este passa a ser patrimônio comum dos consortes.

c) as dívidas anteriores ao casamento, salvo se provierem de despesas com seus aprestos, ou reverterem em proveito comum

Responde o respectivo devedor pelas dívidas anteriores ao casamento com seus bens exclusivos, salvo se provar que tais dívidas se destinaram às despesas do casamento ou foram em proveito do casal, como, por exemplo, empréstimo para adquirir imóvel destinado à residência, móveis para o lar, viagem de núpcias, despesas com a cerimônia, dentre outras.

Ao dispor acerca das dívidas no âmbito do regime de comunhão universal, deixou o legislador de fazer a ressalva promovida no regime de comunhão parcial, acerca das obrigações decorrentes de atos ilícitos (CC, art. 1.659, IV).

Há quem defenda que na comunhão universal a responsabilidade é objetiva, comunicando-se, pois, as dívidas decorrentes de atos ilícitos.[93] Contudo, comungamos do entendimento de Rolf Madaleno, que destaca a *mens lege* do art. 1.668, III, que exclui da comunhão as dívidas anteriores ao casamento em virtude do caráter pessoal dessas dívidas, de modo que pertencentes a quem as contraiu.

Assim, "não é outro o sentido das obrigações provenientes de atos ilícitos, sejam eles dolosos ou culposos, porque eminentemente pessoais, não havendo como corresponsabilizar o cônjuge isento de qualquer participação ativa no ato ilícito, e se tampouco desse ato tirou qualquer proveito."[94]

Some-se a isso o fato de que as dívidas contraídas por um dos cônjuges apenas comprometem os bens do casal se revertida em proveito de ambos ou da família: "se as dívidas particulares firmadas por um dos cônjuges só comprometem os seus bens se elas não beneficiaram os dois, diferente não pode ser quando se trata de ato ilícito."[95]

d) as doações antenupciais feitas por um dos cônjuges ao outro com a cláusula de incomunicabilidade

Este dispositivo visa a privilegiar a autonomia privada, no sentido de que um dos consortes pode doar ao outro bem que não se

---

93 DIDIER JÚNIOR, Fredie; FARIAS, Cristiano Chaves de; GUEDES, Jefferson Carús; GAMA, Guilherme Calmon Nogueira da; SLAIBI FILHO, Nagib; ALVIM, Arruda; ALVIM, Thereza (coord.). *Comentários ao Código Civil brasileiro.* Rio de Janeiro: Forense, 2005. p. 169.

94 MADALENO, Rolf. *Manual de Direito de Família.* Rio de Janeiro: Forense, 2023. p. 926.

95 MADALENO, Rolf. *Manual de Direito de Família.* Rio de Janeiro: Forense, 2023. p. 926. No mesmo sentido, Dimas Messias de Carvalho: "A ausência de previsão de exclusão de comunicabilidade no Código Civil não justifica imputar a dívida por ato ilícito ao patrimônio comum. A pena por ato ilícito é pessoal como ocorre com a dívida contraída antes do casamento que não beneficia o casal. O cônjuge que não teve qualquer participação no ato ilícito ou não obteve qualquer proveito não pode ser corresponsável pela obrigação. Entendimento em contrário exclui o caráter da pessoalidade das obrigações provenientes de atos ilícitos." (*Direito das Famílias*, São Paulo: SaraivaJur, 2023. p. 107).

comunique com o patrimônio comum do casal, mediante a adoção de cláusula de incomunicabilidade.

e) Os bens referidos nos incisos V a VII do art. 1.659

Assim como ocorre no regime de comunhão parcial, são também exclusivos os bens de uso pessoal os livros, os instrumentos de profissão, os rendimentos de trabalho pessoal, as pensões, meios-soldos e montepios.

3.3 A comunicabilidade dos frutos produzidos pelos bens exclusivos de cada consorte

A incomunicabilidade dos bens previstos no art.1.668 não se estende aos frutos, quando recebidos ou vencidos durante o casamento, nos termos do art. 1.669 do Código Civil: "a incomunicabilidade dos bens enumerados no artigo antecedente não se estende aos frutos, quando se percebam ou vençam durante o casamento".

Deste modo, os frutos naturais, industriais ou civis, ainda que produzidos/decorrentes de bens exclusivos, tratam-se de bens comuns: os "frutos percebidos ingressam automaticamente na comunhão. Do mesmo modo, os frutos pendentes na data do divórcio [separação de fato], ou seja, os que já podiam ser percebidos ou estavam em via de ser; por exemplo, os aluguéis vencidos e ainda não recebidos."[96]

Por outro lado, não são comuns os frutos que se constituam a partir da separação de fato, tendo em vista que se trata este do marco para o fim da produção de efeitos do regime de bens do casamento e da união estável.

A incomunicabilidade, entretanto, pode ser estendida aos frutos produzidos pelo bem doado ou herdado, se assim houver estipulado o doador ou o testador, restringindo-os exclusivamente ao cônjuge beneficiário.

[96] LÔBO, Paulo. *Direito Civil. Famílias*. 14. ed. São Paulo: Saraiva, 2024, p. 173 (ePUB).

3.4 Administração dos bens e dívidas

Prevê o art. 1.670 do Código Civil que se aplica ao regime de comunhão universal "o disposto no Capítulo antecedente, quanto à administração dos bens."

Deste modo, as normas aplicáveis à administração dos bens comuns e particulares na comunhão parcial, igualmente se aplicam ao regime de comunhão universal (vide item 2.4 e 2.5).

Nesse sentido, a administração do patrimônio comum do casal se dará conforme aquilo por eles convencionado, servindo o regramento legal, especialmente para a prevenção dos terceiros que com eles contratam, uma vez que sabem, de antemão, estar qualquer dos consortes autorizado a administrar o acervo comum, "ou até mesmo exercendo uma administração conjunta, se assim concluíram ser a melhor opção."[97]

É possível, ainda, que apenas um dos consortes assuma individualmente a administração do patrimônio comum, observadas as hipóteses previstas no art. 1.570 do CC: "qualquer dos cônjuges estiver em lugar remoto ou não sabido, encarcerado por mais de cento e oitenta dias, interditado judicialmente ou privado, episodicamente, de consciência, em virtude de enfermidade ou de acidente". Nestes casos, o outro exercerá com exclusividade a direção da família, cabendo-lhe a administração dos bens.

Havendo bens exclusivos, compete a cada consorte a sua administração, salvo previsão diversa por meio de pacto antenupcial/contrato de união estável, no sentido de que a administração dos bens particulares de um poderá ser feita pelo outro ou por ambos, nos mesmos termos dos bens comuns.[98]

Quanto às dívidas, aquelas contraídas pelo cônjuge administrador presumem-se no interesse da família, razão pela qual os bens comuns respondem por elas, "desde que feitas no exercício da administração".[99]

Havendo bens exclusivos do administrador, estes igualmente respondem pelas dívidas por ele contraídas. Caso existam bens exclusivos do outro consorte, estes respondem na medida do proveito por ele auferido.

---

[97] MADALENO, Rolf. *Manual de Direito de Família*. Rio de Janeiro: Forense, 2023, p. 931.

[98] Neste ponto, salienta Paulo Lôbo que "a delegação da administração não torna os bens particulares comuns, ou suscetíveis de responder pelas dívidas do administrador ou do casal." LÔBO, Paulo. *Direito Civil. Famílias*. 14. ed. São Paulo: Saraiva, 2024, p. 363 (ePUB).

[99] LÔBO, Paulo. *Direito Civil. Famílias*. 14. ed. São Paulo: Saraiva, 2024. p. 361 (ePUB).

Como bem salienta Paulo Lôbo, a "administração não inclui o poder para vender, doar, permutar ou dar em pagamento bens imóveis, doar bens móveis, prestar fiança ou aval, cujos atos dependem de autorização do outro cônjuge". Contudo, inclui "a venda ou permuta de bens móveis. Também é exigível a autorização do outro cônjuge para concessão gratuita de uso ou gozo dos bens comuns, móveis ou imóveis."[100]

Conforme analisamos no item 3.2, *c*, as dívidas anteriores ao casamento não se comunicam, salvo se referentes aos preparativos do casamento, ou quando haja demonstração de proveito comum.

A separação de fato é o marco para o fim da produção de efeitos do regime de bens (que também deixará de produzir efeitos com a morte ou em caso de haver mudança de regime). Cessados os efeitos, igualmente cessa a responsabilidade de cada um para com os credores do outro consorte, exceto quanto às dívidas contraídas por qualquer deles na constância do casamento.

Extinta, pois, a comunhão, prevê o art. 1.671 do CC que deve "ser efetuada a divisão do ativo e do passivo" do casal.

---

[100] *Ibidem*, p. 361 (ePUB).

CAPÍTULO 4

REGIME DE SEPARAÇÃO DE BENS

4.1 Convencional ou obrigatória (legal)?

Em se tratando de regime de separação de bens, o primeiro questionamento que deve ser feito se refere ao fato de tal regime ter sido eleito pelo casal (separação convencional) ou imposto por lei (separação obrigatória), uma vez que as consequências jurídicas, tratando-se de um ou outro, serão distintas.

No casamento, a separação convencional será eleita mediante pacto antenupcial. No caso da união estável, a escolha dá-se por meio de contrato.

O regime de separação convencional também é chamado de separação *absoluta*. Há, ainda, quem o subdivida em separação *absoluta* ou *pura* e separação *relativa* ou *limitada*.[101]

4.2 Separação convencional de bens

A separação convencional ou absoluta é o regime de bens de mais simples aplicabilidade, pois os bens de cada cônjuge, independentemente de sua origem ou da data de sua aquisição, constituem patrimônios particulares e separados, com os respectivos ativos e passivos.

---

[101] A exemplo de Dimas Messias de Carvalho (*Direito das Famílias*. São Paulo: SaraivaJur, 2023. p. 111, ePUB.), que denomina separação parcial, limitada ou relativa, "quando os cônjuges convencionam o regime de separação de bens, mas excluem bens determinados da incomunicabilidade, ou dispõem que os frutos se comunicam ou, ainda, não estipulam que a separação será absoluta, preferindo discriminá-los". A nosso ver, temos, neste caso, um regime misto.

Não se constitui patrimônio comum, nem possibilidade de comunicação de quaisquer bens ao fim do casamento. Ademais, o cônjuge titular pode alienar qualquer de seus bens, sem necessidade de concordância ou autorização do outro.

Neste regime, portanto, formam-se apenas duas massas patrimoniais, que correspondem aos bens particulares de cada consorte:

Há total independência patrimonial entre os consortes, de modo que este regime não altera a propriedade dos bens de cada um, bem como não confere qualquer expectativa de ganho ou de disposição sobre os bens do parceiro:[102] cada consorte conserva a propriedade dos bens já existentes em seu nome e daqueles adquiridos na constância do casamento/união estável, inclusive quanto à respectiva administração.

Neste regime, somente se fala em condomínio quando o bem for adquirido em conjunto por ambos os cônjuges, em nome deles.[103]

---

102 MADALENO, Rolf. *Manual de Direito de Família*. Rio de Janeiro: Forense, 2023, p. 958.

103 Neste ponto, destaca Conrado Paulino da Rosa que as questões referentes aos bens adquiridos em condomínio por integrantes de relacionamento regido pelo regime de separação absoluta poderiam, inclusive, ter sua extinção (do condomínio) decidida no juízo cível comum. Todavia, "em respeito aos princípios da efetividade e celeridade processuais, que regem nosso sistema jurídico, inexiste óbice legal para a solução da questão nos autos de uma ação de divórcio ou de reconhecimento e dissolução de união estável, em franca demonstração de interesse, pelo menos por uma das partes, na resolução do referido condomínio, não havendo necessidade de outra demanda processual para solver a questão" (*Direito de Família Contemporâneo*. 7. ed., Salvador: Juspodivm, 2020, p. 273), consoante já decidiu, por exemplo, o Tribunal de Justiça do Rio Grande do Sul: "AGRAVO DE INSTRUMENO. CONVERSÃO DA SEPARAÇÃO EM DIVÓRCIO. DISSOLUÇÃO DE CONDOMÍNIO. Embora o imóvel adquirido em condomínio pelos cônjuges casados sob o regime da separação total de bens, pudesse ter sua dissolução no juízo cível comum, já existindo uma ação de divórcio e demonstrado o interesse por uma das partes na resolução do referido condomínio, não há justificativa para que se abra nova relação processual para solver a questão" (Agravo de Instrumento nº 70030283832, 8ª Câmara Cível, Rel. Alzir Felippe Schmitz, julgado em 25/5/2009).

O questionamento de eventual indenização financeira, decorrente, por exemplo, de contribuição direta para uma reforma em bem particular do outro, durante a união, dependerá de prova efetiva, conforme vêm decidindo os tribunais:

> APELAÇÃO. AÇÃO DE DIVÓRCIO. CASAMENTO ESTABELECIDO SOB O REGIME DE SEPARAÇÃO DE BENS. PARTILHA DE BENS. BENFEITORIAS REALIZADAS EM IMÓVEL PERTENCENTE A UM DOS CÔNJUGES, NA CONSTÂNCIA DO CASAMENTO. AUSÊNCIA DE COMPROVAÇÃO DE PARTICIPAÇÃO FINANCEIRA. Diante do pacto antenupcial firmado pelas partes, estabelecendo o regime de separação de bens, há incomunicabilidade do patrimônio que cada um possuía no momento da celebração, bem como daqueles adquiridos na constância do casamento. Ausência de prova de que a apelada tenha contribuído financeiramente para a aquisição do bem móvel e da reforma e benfeitorias realizadas no imóvel. Apelação provida. (TJ/RS. Apelação Cível n.º 70080875024. 7ª Câmara Cível. Rel.: Jorge Luís Dall'Agnol, julgado em 29/5/2019)

Em nosso sentir, tal entendimento não se coaduna com a *mens legis* deste regime, gerando uma possibilidade de conflito em um regime de bens que visa a ser o mais simples, razão pela qual entendemos que a realização de benfeitorias em bens particulares do outro consorte deve ser entendida como mera liberalidade, a menos que haja disposição diversa por meio de pacto antenupcial ou contrato de união estável.

Assim, e tendo em vista o entendimento que vem sendo esposado pelos tribunais, recomendamos que haja previsão expressa em instrumento próprio acerca da vontade dos consortes quanto à realização de eventuais benfeitorias ou contribuição para a realização destas em bens particulares do outro.

É exclusiva a responsabilidade pelas dívidas contraídas, exceto quanto aos débitos assumidos em benefício da família, como a compra de coisas necessárias à economia doméstica, ou empréstimos para esse fim (CC, art. 1.643).

Como as dívidas – anteriores ou posteriores ao casamento/união estável –, em regra, não se comunicam, não pode o credor de um dos consortes penhorar bens do outro, podendo aquele prejudicado buscar o levantamento da penhora por meio de embargos de terceiros (CPC, art. 674, §2º, I).

Ambos são responsáveis pelas despesas da família, salvo estipulação diversa por meio de instrumento próprio (pacto antenupcial ou contrato de união estável). Nesse sentido dispõe o art. 1.688 do CC: "ambos os cônjuges são obrigados a contribuir para as despesas do casal na proporção dos rendimentos de seu trabalho e de seus bens, salvo estipulação em contrário no pacto antenupcial".

Coadunamos da mesma posição de Flávio Tartuce quanto à impossibilidade de disposição em pacto antenupcial/contrato de união estável que imponha uma excessiva onerosidade a um dos consortes, impingindo-lhe que arque com todas as despesas da família, mesmo estando em pior situação financeira que o outro: tal desproporção implica nulidade absoluta da cláusula que a estabelece, nos termos do art. 1.655 do CC.[104]

4.2.1 Há a possibilidade de prova de esforço comum na separação convencional?

A escolha do regime de separação de bens atenua inconvenientes dos regimes de comunhão, notadamente quanto à sua simplicidade, pois evita as complicações e desgastes causados pela liquidação da comunhão/apuração dos aquestos.

Todavia, assim como na escolha de qualquer dos regimes, o casal precisa avaliar seus respectivos perfis financeiros, patrimoniais e profissionais, bem como anseios futuros, para que um dos consortes não venha a enriquecer em detrimento do outro, como ocorre, por exemplo, quando um dos cônjuges se beneficia da colaboração ou do trabalho invisível não remunerado[105] do outro para o exercício de sua atividade empresarial ou profissional.

Não obstante as características deste regime, é com ele compatível a possibilidade de condomínio voluntário dos consortes sobre determinados bens, que tenham sido adquiridos com a efetiva participação de ambos, submetendo-se, pois, às regras do art. 1.314 e ss. do CC.

Mesmo casados/conviventes sob o regime de separação, podem os consortes, portanto, adquirir bens em conjunto, apontando no

---

[104] TARTUCE, Flávio. *Direito civil:* Direito de família. 19. ed. Rio de Janeiro: Forense, 2024. p. 186 (ePUB).

[105] O trabalho doméstico e de cuidado com o lar e os filhos recai, na maioria das vezes, para as mulheres. Segundo dados do IBGE (2019), mulheres dedicam, em média, 21 horas semanais ao trabalho doméstico.

respectivo título aquisitivo o percentual de participação efetiva de cada um na aquisição do bem.

Aliás, neste caso, o condomínio poderia ter sua dissolução/extinção decidida pelo juízo cível comum, e não necessariamente pelo juízo de família, vez que oriundo de vínculo obrigacional, e não da incidência do regime de bens do casamento/união estável. Contudo, não existe impedimento para que a questão seja solvida em uma ação de divórcio, por exemplo, devendo o juízo observar, portanto, os princípios da efetividade e celeridade processuais.

Não há, pois, consoante já anotamos, presunção de esforço comum neste regime.

Para Paulo Lôbo, por "razões de ordem ética e de vedação do enriquecimento sem causa, [...] admite-se a ocorrência de sociedade de fato entre os cônjuges, quando a aquisição de determinado patrimônio tiver recebido o concurso de recursos financeiros difusos e de trabalho de ambos, ainda que a titularidade tenha recaído expressamente sobre um deles". Neste caso, defende o autor que caberia ao outro cônjuge "provar que o bem ou os bens foram adquiridos com esforço igualitário ou proporcional".[106]

Também nesse sentido, Zeno Veloso, para quem esta tese não violaria o princípio da autonomia da vontade, pois "a matéria não está sendo resolvida pelas normas atinentes ao regime patrimonial de bens, decorrente do casamento, mas pelos preceitos que informam a sociedade de fato".[107]

Nesta linha, destaca Flávio Tartuce "que cabe ao cônjuge que pretende a divisão o ônus de provar quais bens e rendimentos foram adquiridos com a sua ajuda efetiva", devendo os bens que compõem esta sociedade de fato serem "divididos de acordo com os esforços e contribuições patrimoniais de cada um dos cônjuges".[108]

Neste contexto, salienta o autor que "não se trata propriamente de uma meação, regida pelo Direito de Família, mas de divisão de acordo com o que cada uma das partes efetivamente auxiliou na aquisição onerosa".[109]

---

106 LÔBO, Paulo. *Direito Civil. Famílias.* 14. ed. São Paulo: Saraiva, 2024. p. 370 (ePUB).

107 VELOSO, Zeno; PEREIRA, Rodrigo da Cunha (coord.). Regimes Matrimoniais de Bens. *In: Direito de Família Contemporâneo.* Belo Horizonte: Del Rey, 1997. p. 95.

108 TARTUCE, Flávio. *Direito civil:* Direito de família. 19. ed. Rio de Janeiro: Forense, 2024. p. 187 (ePUB).

109 TARTUCE, Flávio. *Ibidem,* p. 187 (ePUB).

O Superior Tribunal de Justiça, no entanto, tem decisões divergentes acerca da (im)possibilidade de prova de esforço comum no regime da separação convencional.

Em julgado de 2007, decidiu o STJ que "a cláusula do pacto antenupcial que exclui a comunicação dos aquestos impede o reconhecimento de uma sociedade de fato entre marido e mulher para o efeito de dividir os bens adquiridos depois do casamento. Precedentes" (STJ, REsp 404.088/RS, 3ª Turma, Rel. Min. Castro Filho, Rel. p/ Acórdão Min. Humberto Gomes de Barros, j. 17.4.2007, DJ 28.5.2007, p. 320).

Todavia, também em julgado de 2007 (REsp 286.514/SP), decidiu o STJ que o "regime jurídico da separação de bens voluntariamente estabelecido é imutável e deve ser observado, admitindo-se, todavia, excepcionalmente, a participação patrimonial de um cônjuge sobre bem do outro, se efetivamente demonstrada, de modo concreto, a aquisição patrimonial pelo esforço comum, caso dos autos, em que uma das fazendas foi comprada mediante permuta com cabeças de gado que pertenciam ao casal" (Rel. Min. Aldir Passarinho Junior, DJ 22.10.2007, p. 276).

Em decisão de 2019, sob a relatoria do Ministro Ricardo Villas Bôas Cueva, concluiu-se que: o "regime jurídico da separação convencional de bens voluntariamente estabelecido pelo ex-casal é imutável, ressalvada manifestação expressa de ambos os cônjuges em sentido contrário ao pacto antenupcial. A prova escrita constitui requisito indispensável para a configuração da sociedade de fato perante os sócios entre si. Inexistência de *affectio societatis* entre as partes e da prática de atos de gestão ou de assunção dos riscos do negócio pela recorrida" (STJ, REsp 1.706.812/DF, 3ª Turma, Rel. Min. Ricardo Villas Bôas Cueva, j. 3.9.2019, DJe 6.9.2019).

De ver-se, portanto, que o entendimento mais recente do STJ se dá no sentido da possibilidade de se admitir a comunicação dos bens advindos de sociedade de fato entre cônjuges/companheiros casados pelo regime da separação convencional de bens, desde que exista prova de esforço comum.

No caso apreciado em 2019, restou destacado no acórdão que "para que tivessem uma sociedade civil ou comercial em conjunto, ainda que não regularmente constituída, indispensável seria, ao menos, demonstrar que administravam tal empresa juntos, o que, de fato, não é possível se extrair dos autos." Admissível, deste modo, a prova da contribuição direta do consorte, a fim de possibilitar a partilha de eventual bem comum.

Prevalecendo esta solução, quem alega ter contribuído diretamente para a aquisição do bem precisa provar tal contribuição no caso concreto. Não se trata, assim, de uma meação, pois a possibilidade de partilha não decorre da aplicação de normas de Direito de Família, mas de Direito das Obrigações, notadamente a regra contida no art. 884 do Código Civil, que veda o enriquecimento sem causa.

Os bens que compuserem esta sociedade de fato serão divididos proporcionalmente à efetiva contribuição de cada consorte:

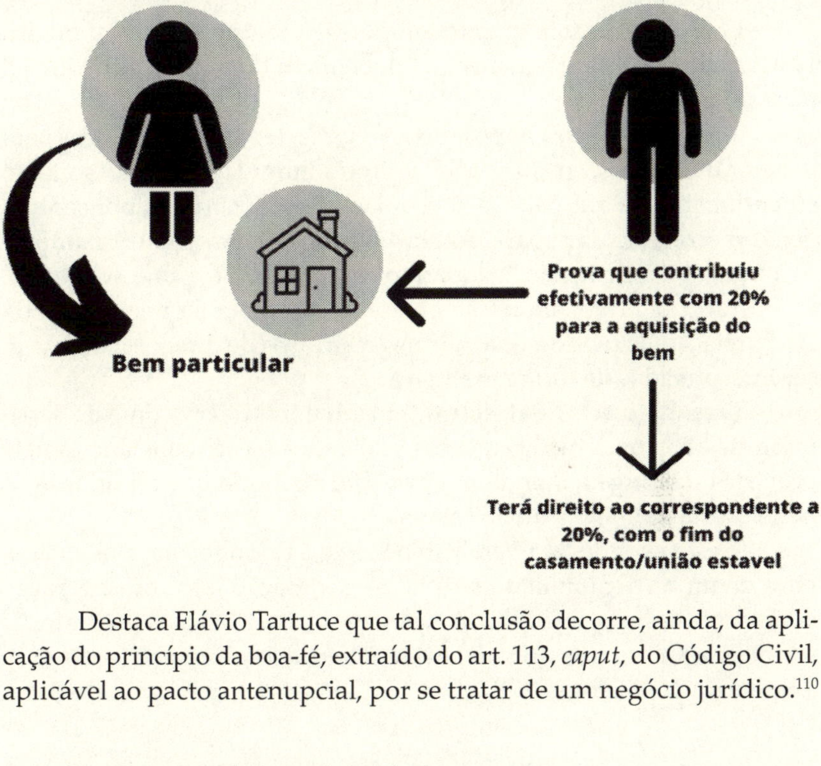

Destaca Flávio Tartuce que tal conclusão decorre, ainda, da aplicação do princípio da boa-fé, extraído do art. 113, *caput*, do Código Civil, aplicável ao pacto antenupcial, por se tratar de um negócio jurídico.[110]

4.3 Separação obrigatória de bens

Não obstante a regra seja a da liberdade de escolha, o art. 1.641 do Código Civil impõe o regime de separação de bens para as pessoas

[110] TARTUCE, Flávio. *Direito civil:* Direito de família. 19. ed. Rio de Janeiro: Forense, 2024. p. 188 (ePUB).

que contraírem o casamento com inobservância das causas suspensivas para a sua celebração, para as pessoas maiores de 70 anos e para todos os que dependerem, para se casar, de suprimento judicial.

Tendo em vista que já analisamos tais disposições no item 1.3, resta destacar que a imposição prevista no art. 1.641 não se aplica por completo à união estável.

Por expressa disposição do art. 1.723, §2º, do CC, as causas suspensivas do art. 1.523 não impedirão a caracterização da união estável. Nesse sentido, afasta-se igualmente qualquer interpretação que conclua acerca da obrigatoriedade do regime da separação de bens para as uniões estáveis nestes casos.

O mesmo se diga quanto à hipótese prevista no inc. III do art. 1.641, o qual se refere àqueles que dependem de suprimento judicial para se casar.

Todavia, quanto à imposição do regime de separação de bens para o maior de 70 anos, em 2022 o STJ editou a Súmula nº 655, adotando o entendimento de que "aplica-se à união estável contraída por septuagenário o regime da separação obrigatória de bens, comunicando-se os adquiridos na constância, quando comprovado o esforço comum".

Tal conclusão, em nosso entender, se afasta da regra geral de interpretação, segundo a qual normas restritivas de direitos não devem ser interpretadas de forma extensiva.

Quando o art. 1.641 do Código Civil impõe o regime de separação de bens para os casamentos realizados nas circunstâncias nele previstas restringe a autonomia privada, de modo que tal imposição não deveria alcançar a união estável.

Nesse sentido, também Pablo Stolze e Rodolfo Pamplona Filho, para quem o "denominado regime de separação legal ou separação obrigatória de bens, instituído nos termos do art. 1.641 que, por traduzir restrição à autonomia privada, não comporta interpretação extensiva, ampliativa ou analógica."[111]

---

[111] STOLZE, Pablo. PAMPLONA FILHO, Rodolfo. *Novo Curso de Direito Civil:* Direito de família. 14. ed. São Paulo: Saraiva, 2024, p. 120. "Aliás, com fundamento nessa comezinha diretriz hermenêutica, concluímos, firmemente, no sentido da completa impossibilidade de se pretender estender esse regime restritivo à união estável, dada a inequívoca ausência de previsão legal nesse sentido. O regime de separação obrigatória, portanto, em nosso sentir, fora previsto e regulado para o casamento, e não para a união estável".

4.4 Administração dos bens de cada consorte, despesas e dívidas

Além de implicar a administração exclusiva de cada cônjuge sobre seus bens próprios e a liberdade de alienação dos seus respectivos bens, sem necessidade de autorização do outro, o regime de separação de bens (convencional ou obrigatória) igualmente implica a responsabilidade exclusiva de cada consorte sobre as dívidas e obrigações que contrair.

Em regra, a administração dos bens é privativa de seu respectivo titular. Todavia, é possível haver disposição diversa no pacto antenupcial, seja para que esta se dê em conjunto, seja conferindo tal atribuição ao outro (não proprietário), hipóteses em que serão aplicadas as disposições relativas à responsabilidade pela administração dos bens do outro, tal como previsto para os demais regimes.

Além da liberdade de alienação dos bens próprios, o titular também é livre para gravá-los de ônus reais (como usufruto, servidão, uso, etc.) e para dá-los em garantia (penhor, hipoteca).

Também pode o cônjuge/companheiro titular do bem, sem autorização do outro, agir em juízo como autor ou réu a respeito de seus bens, bem como prestar fiança ou aval, não sendo aplicável ao regime de separação, portanto, o disposto no art. 1.647 do Código Civil.

Por outro lado, aplica-se a disposição do art. 1.652 do CC, no sentido de que "o cônjuge, que estiver na posse dos bens particulares do outro, será para com este e seus herdeiros responsável: I - como usufrutuário, se o rendimento for comum; II - como procurador, se tiver mandato expresso ou tácito para os administrar; III - como depositário, se não for usufrutuário, nem administrador."

Quanto às dívidas, cada cônjuge/companheiro responde por aquelas que contraiu, sendo nula a penhora que recaia sobre os bens particulares do outro consorte.

Importante destacar que, como neste regime não há presunção legal de constituição de patrimônio comum, em regra não é possível argumentar pelo alcance de um bem particular do outro consorte (não titular da dívida) a pretexto de eventual proveito.

As despesas para a manutenção da família são de responsabilidade de ambos os consortes, na proporção dos rendimentos de cada um: "são despesas correntes de manutenção, tais como sustento e educação dos membros da família, alimentação, lazer, vestuário regular, conservação e ampliação do imóvel residencial e do respectivo mobiliário, empregados, transporte, água, luz, telefones."[112] Destaca Paulo Lôbo que tais "despesas devem guardar compatibilidade com o padrão de vida familiar, nos limites dos rendimentos dos cônjuges."[113]

O art. 1.688 do CC possibilita que os consortes disponham de forma diversa, mediante pacto antenupcial, acerca dessas despesas. "Mas será nula a cláusula que atribua a apenas um o pagamento das dívidas que ambos contraiam ou a que atribua a um deles o direito exclusivo de adquirir em seu nome novos bens."[114]

---

[112] LÔBO, Paulo. *Direito Civil. Famílias.* 14. ed. São Paulo: Saraiva, 2024. p. 370 (ePUB).

[113] LÔBO, Paulo. *Direito Civil. Famílias.* 14. ed. São Paulo: Saraiva, 2024. p. 370 (ePUB).

[114] LÔBO, Paulo. *Direito Civil. Famílias.* 14. ed. São Paulo: Saraiva, 2024. p. 371 (ePUB).

CAPÍTULO 5

REGIME DE PARTICIPAÇÃO FINAL NOS AQUESTOS

5.1 Principais características

O regime de participação final nos aquestos foi introduzido no nosso ordenamento jurídico pelo Código Civil de 2002. Trata-se de um regime pouco conhecido e pouco adotado, uma vez que agrega elementos da comunhão parcial e da separação de bens, gerando uma certa complexidade.

Dada a necessidade de apuração contábil do ativo e do passivo, Silmara Chinellato o denomina de "regime contábil", o que por si só já parece desestimular a sua adoção.[115]

Cuida-se de regime no qual cada cônjuge/companheiro, durante o casamento/união estável, tem seu próprio patrimônio, e é exclusivamente responsável pela respectiva administração, podendo, inclusive, dele dispor (CC, art. 1.656). Neste ponto, assemelha-se ao regime de separação de bens.

Ao findar a relação, os bens adquiridos durante o período de convivência passam a ser considerados comuns ao casal. Dá-se, neste momento, a apuração dos aquestos, que serão partilhados na proporção de metade para cada consorte (CC, art. 1.672), assemelhando-se ao modelo da comunhão parcial.

115 CHINELATO, Silmara Juny. *Comentários ao Código Civil. Parte especial – do Direito de Família*. v. 18. São Paulo: Saraiva, 2004. p. 372.

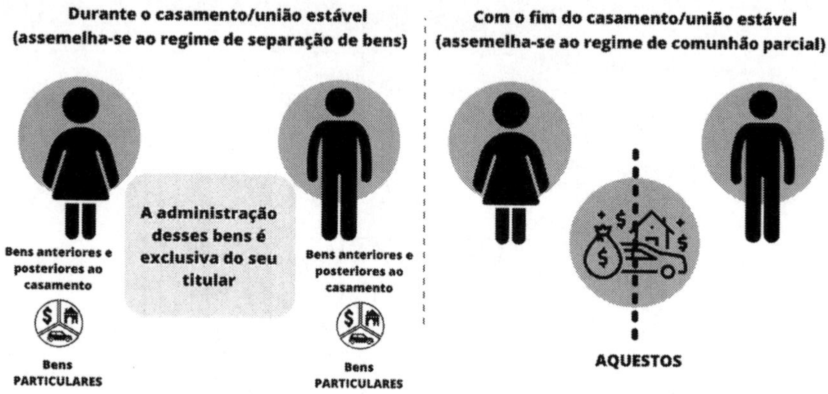

5.2 Apuração dos aquestos

O termo *aquestos* se refere a bens adquiridos. No âmbito do regime de participação final, a expressão vai se referir aos bens adquiridos a título oneroso na constância do casamento/união estável.

Para fins de apuração, devem ser considerados todos os bens adquiridos durante a união (ou os respectivos valores, caso tenha havido alienação – CC, art. 1.676), e não apenas os bens existentes quando do fim da relação.

Serão excluídos da apuração – que tem natureza contábil – os bens adquiridos a título gratuito, os bens anteriores ao casamento e os sub-rogados em seu lugar, bem como as dívidas relativas a estes bens (CC, art. 1.674).

Quanto aos bens móveis, estes se presumem adquiridos na constância do casamento/união estável, salvo prova em contrário, nos termos do parágrafo único do art. 1.674.

Na determinação do montante dos aquestos serão computados igualmente o valor das doações realizadas por um dos cônjuges/companheiros sem a necessária autorização do outro. Neste caso, segundo o disposto no art. 1.675 do Código Civil, "o bem poderá ser reivindicado pelo cônjuge prejudicado ou por seus herdeiros, ou declarado no monte partilhável, por valor equivalente ao da época da dissolução".

De ver-se, pois, que o valor do bem a ser considerado é o da data da dissolução do casamento/união estável.[116]

Para fins de parâmetros de cálculo que devem ser observados nesse contexto, podemos sintetizar conforme a tabela abaixo:

Bens alienados e substituídos por outros	Será considerado o valor do bem adquirido a título de sub-rogação.
Bens alienados, sem a posterior aquisição de novo bem	Será considerado o valor do dia da alienação, devendo ser atualizado monetariamente até a data da dissolução.[117]
Bens doados	Serão declarados no monte partilhável, por valor equivalente ao da época da dissolução.

Para o cálculo dos aquestos, devem ser, ainda, levantadas as eventuais dívidas, a fim de verificar se estas se deram ou não em proveito de ambos. Os débitos revertidos em proveito do casal constituem seu passivo; do contrário, somente o consorte que a contraiu responderá pela dívida. O ônus da prova do proveito obtido pelo outro caberá ao consorte que contraiu a dívida, demonstrando as respectivas proporções do proveito.[118]

As dívidas a serem consideradas são aquelas que estão pendentes no momento da dissolução do casamento/união estável. Dívidas anteriores e já pagas não serão computadas para a apuração do monte a ser partilhado.

Em observância à vedação do enriquecimento sem causa, se a dívida de um dos consortes foi paga, total ou parcialmente, com

[116] Destaca Paulo Lôbo que "Para efeito da partilha e do cálculo, deve ser considerada a data da cessação da convivência entre os cônjuges, e não a da decisão judicial ou a da escritura pública do divórcio. A convivência conjugal cessa quando há separação de fato, ou seja, quando os cônjuges cortam os liames afetivos que os uniam. É matéria de fato, cuja controvérsia será objeto de prova. Presume-se a separação de fato quando um ou ambos os cônjuges, ainda que não tenham requerido o divórcio, passam a conviver com outras pessoas, o que pode gerar a constituição de união estável (CC, art. 1.723, § 1º). Andou certo o legislador, ao optar pela separação de fato, porque não há sustentação ética para a sobrevivência dos efeitos do patrimônio familiar quando a família já está desfeita. Na hipótese da morte, a data do óbito é observada, e na anulação do casamento, a data do trânsito em julgado da sentença." (LÔBO, Paulo. *Direito Civil. Famílias.* 14. ed. São Paulo: Saraiva, 2024. p. 374 [ePUB])

[117] LÔBO, Paulo. *Direito Civil*. Famílias. 14. ed. São Paulo: Saraiva, 2024. p. 374 (ePUB)

[118] Destaca Paulo Lôbo que "Presume-se no proveito de ambos os cônjuges a dívida contraída por um e garantida pelo outro, mediante fiança ou aval, pela natural solidariedade desta obrigação. Caberá ao cônjuge fiador ou avalista provar que não redundou em proveito da família, mas apenas do outro." (LÔBO, Paulo. *Direito Civil. Famílias.* 14. ed. São Paulo: Saraiva, 2024. p. 379 [ePUB])

recursos ou bens do outro, o respectivo valor deverá ser contabilizado e promovido o abatimento com relação à parte que caberia ao seu titular. O valor do pagamento deve ser atualizado na data da dissolução (CC, art. 1.678). Ademais, por imperativo de boa-fé, se o reembolso já houver ocorrido no curso da relação, o pagamento da dívida não será considerado.

Pelas dívidas posteriores ao casamento, contraídas por um dos cônjuges, somente este responderá, salvo prova de terem revertido, parcial ou totalmente, em benefício do outro (CC, art. 1.677).

As dívidas de um dos cônjuges, quando superiores à sua meação, não obrigam ao outro, ou a seus herdeiros, conforme dispõe o art. 1.686 do CC.

Trata-se, portanto, de operação que pode ser complexa, a depender do volume de movimentação patrimonial dos consortes durante a relação:

Apuração dos Aquestos

- Todos os bens adquiridos a título oneroso durante a união (ou os respectivos valores, caso tenha havido alienação);
- Bens adquiridos conjuntamente pelos consortes;
- Bens comuns inseridos em pacto antenupcial;
- Bens móveis, salvo prova de que não foram adquiridos na constância da união;
- Bens doados no curso da relação;
- Dívidas comuns, pendentes no momento da dissolução.

- ⊘ Bens adquiridos a título gratuito;
- ⊘ Bens anteriores ao casamento, e os subrogados em seu lugar;
- ⊘ Dívidas relativas a estes bens;
- ⊘ Dívidas que não se reverteram em proveito comum;
- ⊘ Dívidas anteriores e já pagas, não pendentes ao tempo da dissolução.

Dada a complexidade para a apuração dos aquestos, destaca Rolf Madaleno que, em um cenário litigioso de rompimento conjugal, por vezes será necessário recorrer a instrumentos processuais, como a tutela antecipada, para fins de tentar restringir fraudes propositadamente perpetradas pelos consortes, notadamente com o objetivo de dizimar o patrimônio conjugal.[119]

[119] MADALENO, Rolf. *Manual de Direito de Família.* Rio de Janeiro: Grupo GEN, 2024. p. 878.

CAPÍTULO 6

REGIME MISTO (OU ATÍPICO)

6.1 Liberdade de escolha e possibilidade de adoção de regime misto

As mudanças pelas quais vêm passando as famílias, em suas diversas formas de constituição, têm implicado a necessidade de ajustar as questões patrimoniais aos perfis e necessidades de cada conjunto familiar.

A expectativa de vida aumentou; alteraram-se os papeis dos membros da família, e, notadamente, dos gêneros; amplia-se a independência feminina e avançam as técnicas reprodutivas.

Estas e outras mudanças influenciam fortemente a família contemporânea, que, quanto às questões patrimoniais, nem sempre vê a aplicação exclusiva das regras de um único regime de bens como mais adequada às suas necessidades.

Nesse cenário, o nosso ordenamento jurídico, ao estabelecer a regra da liberdade de escolha no art. 1.639 do Código Civil, possibilita que os nubentes, na fase de habilitação para o casamento, optem por qualquer dos regimes de bens previstos em lei, mas que igualmente possam, com base na autonomia privada, criar regimes mistos, por meio da elaboração de pacto antenupcial.

O mesmo se diga quanto aos conviventes em união estável, que podem adotar regras de mais de um regime de bens por meio de contrato de convivência.

Trata-se de negócios jurídicos familiares que exigem zelo na sua elaboração, para que sejam compatíveis com as normas gerais que regem essas relações, bem como para que não gerem insegurança jurídica e alegações de invalidade, devendo estar amparados nas regras que regulam os negócios jurídicos em geral.

O casal pode, por exemplo, adotar o regime de comunhão parcial de bens, mas afastar a comunicação de bem cujo financiamento será pago por um dos consortes durante o casamento. Poderiam, ainda, adotar o regime de comunhão universal e afastar a comunicabilidade dos frutos, ou adotar o regime de comunhão parcial e afastar a incidência do art. 1.660, IV, do CC, que prevê se tratar de bens comuns as benfeitorias realizadas nos bens particulares de cada cônjuge.

Embora a liberdade seja a regra, e, em se tratando de questões patrimoniais, estejamos lidando com direitos disponíveis, não é exagero assinalar que, na construção de tais regimes mistos, é essencial que as partes pactuantes estejam muito bem informadas, no sentido de que adotem posições seguras a fim de evitar que um dos cônjuges/companheiros queira construir patrimônio exclusivo em detrimento do trabalho doméstico não remunerado do outro.

Ainda acerca da possibilidade de adoção de regime misto, esta foi objeto do Enunciado nº 331 da IV Jornada de Direito Civil do Conselho da Justiça Federal – CJF: "O estatuto patrimonial do casal pode ser definido por escolha de regime de bens distinto daqueles tipificados no Código Civil (art. 1.639 e parágrafo único do art. 1.640), e, para efeito de fiel observância do disposto no art. 1.528 do Código Civil, cumpre certificação a respeito, nos autos do processo de habilitação matrimonial."

Tendo em vista que o regime de bens do casamento tem repercussão no âmbito sucessório, em caso de regime misto deve-se verificar qual o regime prevalecente no pacto/contrato, sendo recomendável, inclusive, com o objetivo de evitar discussões futuras, que o próprio instrumento que adotou o regime misto assinale aquele que prevalece para fins sucessórios.[120]

6.2 Instrumentos para a adoção de regime patrimonial misto

O pacto antenupcial e o contrato de união estável (ou contrato de convivência) são os instrumentos a serem adotados para a elaboração de regime misto.

---

[120] Deve haver um cuidado particular neste ponto, para que o pacto/contrato não seja utilizado com o fim de regular a sucessão, pois o *pacta corvina* é vedado pelo art. 426 do Código Civil.

Tratando-se de casamento, o pacto antenupcial deverá ser firmado mediante escritura pública (CC, art. 1.653) no Cartório de Notas, devendo ser posteriormente levado ao Cartório de Registro Civil onde será realizada a habilitação para o casamento.

Após a celebração do matrimônio, deverá ser levado ao Cartório de Registro de Imóveis do primeiro domicílio do casal, para averbação na matrícula dos imóveis dos quais estes sejam proprietários, a fim de produzir efeitos perante terceiros.

Já no caso da união estável, em que a escolha do regime misto se dará mediante contrato de convivência, este poderá ser firmado por meio de instrumento público ou particular.

Adotada a via do instrumento público (o que, inclusive, é recomendável), a escritura deve ser realizada em Cartório de Notas e, da mesma forma que o pacto antenupcial, deve ser promovida a averbação na matrícula dos imóveis do casal.

Relevante lembrar que o contrato de união estável pode ser firmado no curso da convivência, e não necessariamente de maneira prévia. Realizado após o início da união, esta será regida pelo regime de comunhão parcial de bens, quanto ao período anterior ao contrato, por força do art. 1.725 do Código Civil.

CAPÍTULO 7

REPERCUSSÃO DA ESCOLHA DO REGIME DE BENS DO CASAMENTO/UNIÃO ESTÁVEL NO ÂMBITO SUCESSÓRIO

7.1 Considerações iniciais – Escolha do regime de bens como instrumento de planejamento sucessório

A morte de um familiar acarreta perdas afetivas e sentimentais, às quais os que lhe sobreviveram precisarão somar os desgastes financeiros, emocionais e de tempo, que praticamente todo o processo sucessório envolve. Não raras vezes, a sucessão gera conflitos, e até mesmo a deterioração ou perda do patrimônio deixado pelo falecido.

Com o objetivo de minimizar ou até mesmo evitar estes possíveis problemas, o planejamento sucessório compreende um "conjunto de medidas empreendidas para organizar a sucessão hereditária de bens e direitos previamente ao falecimento de seu titular".[121]

Não obstante o tabu ou crença em mau agouro que parece ser falar da morte ou de planejamento sucessório no Brasil, pensar na sucessão é uma providência preventiva que permite ao titular do patrimônio

---

121 NEVARES, Ana Luiza Maia. *O planejamento sucessório e a proteção de herdeiros menores ou com deficiência pelo testamento*. Publicado em 18.8.2020. Disponível em: https://blog.grupogen.com.br/juridico/areas-de-interesse/civil/protecao-de-herdeiros-menores-deficiencia/. Destaca Nevares que "com o planejamento sucessório, objetiva-se evitar conflitos, assegurar que aspirações fundamentais da vida da pessoa sejam executadas após o seu falecimento, garantir a continuidade de empresas e negócios, permitir uma melhor distribuição da herança entre os sucessores, bem como buscar formas de gestão e de transmissão do patrimônio que tenham a menor carga tributária possível".

definir, ainda vivo, "o modo como deve se concretizar a transmissão dos bens aos sucessores, com vistas a precaver conflitos [...]".[122]

No dizer de Marcos Ehrhardt e Gustavo Henrique Baptista Andrade, "mais do que um simples pensar sobre como se dará a sucessão no estreito campo da divisão dos bens", o planejamento sucessório traz da experiência do direito empresarial "a práxis relacionada a uma intrincada rede de atos jurídicos que visam tornar mais rápida, mais fácil e dotada de maior efetividade a sucessão da pessoa física."[123]

Embora o planejamento sucessório tenha no testamento um de seus mais conhecidos e importantes instrumentos, dada a repercussão que o regime de bens adotado no casamento/união estável tem na sucessão, diante do que dispõe o Código Civil brasileiro, a escolha do regime de bens é, portanto, mais uma forma de planejar a sucessão.[124]

Sem a pretensão de esgotar o tema do planejamento sucessório, o presente capítulo abordará a repercussão de cada regime de bens no âmbito da sucessão, a fim de oferecer um suporte, sobretudo aos profissionais que atuam ou pretendem atuar numa perspectiva preventiva, na orientação para a escolha do regime e na elaboração de negócios jurídicos familiares.

Relevante destacar, por fim, que esta escolha somente terá repercussão no ambiente sucessório nas hipóteses em que o cônjuge/companheiro falecido deixou descendentes, tendo em vista que o art. 1.829, I, do Código Civil condiciona a participação do cônjuge/companheiro sobrevivente na herança ao regime de bens adotado.

Não tendo o falecido deixado descendentes, o cônjuge/companheiro sobrevivente herdará independentemente do regime de bens eleito, observada a ordem de vocação hereditária prevista no art. 1.829 do CC.

---

122 FARIAS, Cristiano Chaves de; ROSENVALD, Nelson. *Curso de Direito Civil*: Sucessões. 4. ed. Salvador: Juspodivm, 2018. p. 86.

123 EHRHARDT JÚNIOR, Marcos; ANDRADE, Gustavo Henrique Baptista. A autonomia da vontade no direito sucessório: quais os limites para a denominada "sucessão contratual"? *In*: *Colégio Notarial do Brasil. Seção São Paulo*. Disponível em: https://cnbsp.org.br/2020/10/26/artigo-a-autonomia-da-vontade-no-direito-sucessorio-quais-os-limites-para-a-denominada-sucessao-contratual-%C2%96-por-gustavo-henrique-baptista-andrade-e-marcos-ehrhardt-jr/.

124 Contudo, mesmo diante do crescimento da quantidade de juristas e profissionais que atuam no sentido de promover o incentivo de uma atuação preventiva no âmbito das relações familiares, ainda é pequena, no Brasil, a busca de orientação jurídica prévia ao casamento/união estável.

7.2 Repercussão da escolha do regime na concorrência do cônjuge/companheiro sobrevivente com os descendentes do falecido

7.2.1 Adoção do regime de comunhão universal de bens

Em caso de adoção deste regime, o cônjuge/companheiro sobrevivente será meeiro, mas não será herdeiro, por expressa disposição do art. 1.829, I, do Código Civil.

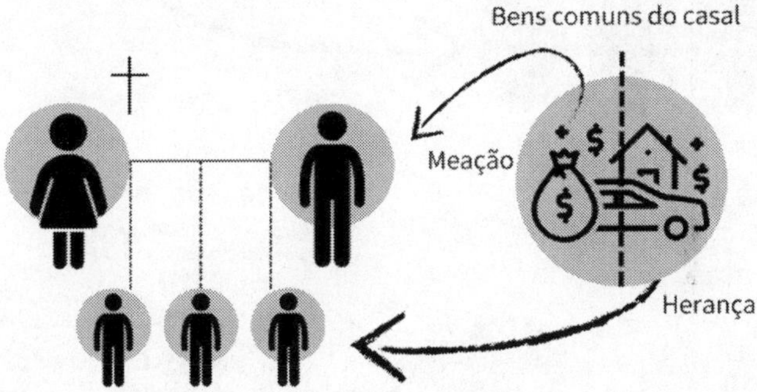

Nada impede, entretanto, que o falecido deixe testamento destinando parcela ou integralidade de sua parte disponível (art. 1.846, c/c art. 1.857, §1º, ambos do CC) ao seu consorte.

7.2.2 Regime de separação obrigatória de bens

Neste caso, embora os consortes tenham sido impossibilitados de escolher o regime de bens, por força do art. 1.641 do Código Civil, relevante demonstrar a sua repercussão no ambiente sucessório.

Recorde-se que, quanto aos maiores de 70 anos, entende o STF que a obrigatoriedade pode ser afastada por meio de escritura pública, firmada em cartório, conforme entendimento expresso na tese de repercussão geral fixada para Tema 1.236.

Observado o disposto no art. 1.829, I do CC, no regime de separação obrigatória o cônjuge sobrevivente não concorre com os descendentes do falecido. Deste modo, além de não ser meeiro (a menos que haja demonstração de esforço comum, nos termos da já comentada Súmula 377 do STF), o cônjuge sobrevivente não é herdeiro.

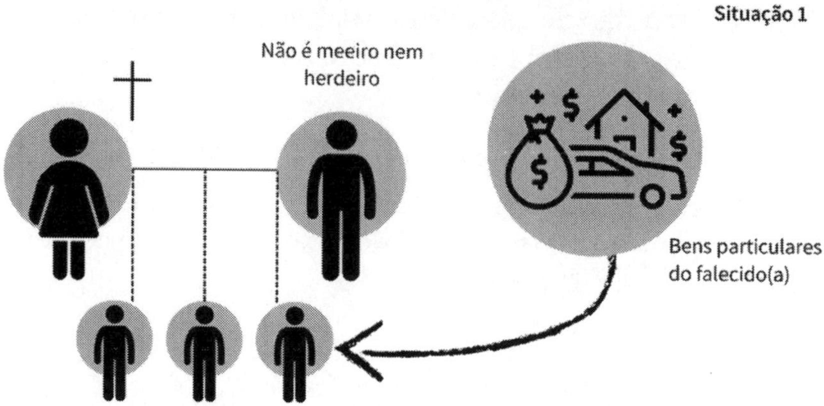

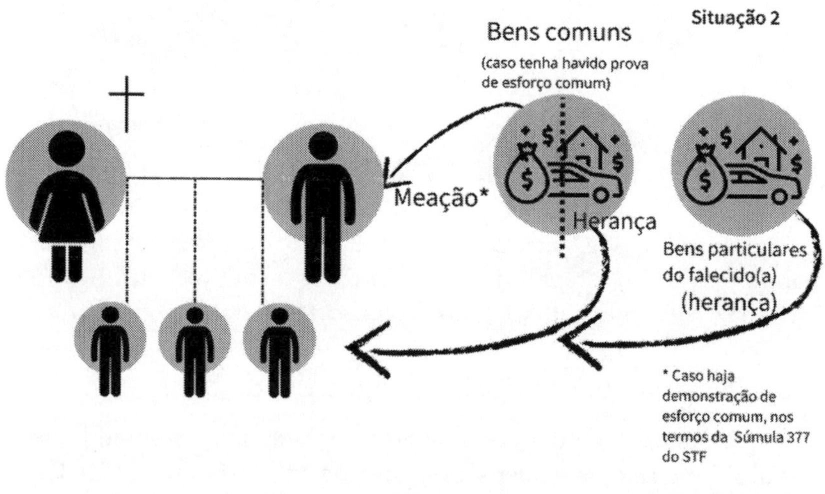

Quanto aos maiores de 70 anos que tenham firmado escritura pública para fins de afastamento do regime legal de bens, a concorrência do cônjuge/companheiro sobrevivente com os descendentes se dará consoante o respectivo regime eleito.

7.2.3 Regime de separação convencional de bens

O art. 1.829 do Código Civil exclui da concorrência com os descendentes apenas aqueles casados sob o regime de separação obrigatória de bens, não se referindo à separação convencional. Deste modo, quando o regime de separação se deu pela escolha dos consortes, o cônjuge/companheiro sobrevivente concorrerá na herança com os descendentes do falecido.

Nesse sentido é o entendimento do Superior Tribunal de Justiça:

> CIVIL. DIREITO DAS SUCESSÕES. CÔNJUGE. HERDEIRO NECESSÁRIO. ART. 1.845 DO CC. REGIME DE SEPARAÇÃO CONVENCIONAL DE BENS. CONCORRÊNCIA COM DESCENDENTE. POSSIBILIDADE. ART. 1.829, I, DO CC. 1. O cônjuge, qualquer que seja o regime de bens adotado pelo casal, é herdeiro necessário (art. 1.845 do Código Civil). 2. No regime de separação convencional de bens, o cônjuge sobrevivente concorre com os descendentes do falecido. A lei afasta a concorrência apenas quanto ao regime da separação legal de bens prevista no art. 1.641 do Código Civil. Interpretação do art. 1.829, I, do Código Civil. 3. Recurso especial desprovido. (REsp n.º 1.382.170/SP. Rel. Min. Moura Ribeiro. DJ 22.04.2015)

Haverá a participação do cônjuge/companheiro em concorrência com os descendentes da seguinte forma:

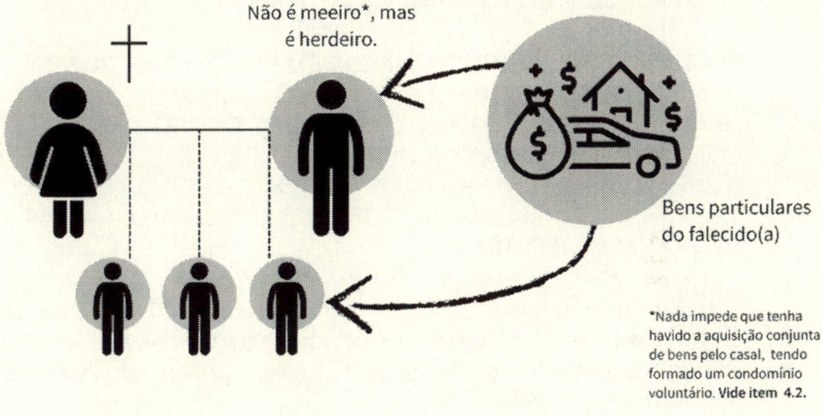

7.2.4 Regime de comunhão parcial de bens

Como o regime de comunhão parcial de bens pode implicar a formação de três massas patrimoniais – os bens particulares de cada consorte e os bens comuns do casal –, prevê o art. 1.829, I do Código Civil que a concorrência do cônjuge/companheiro sobrevivente com os descendentes do falecido dependerá da existência de bens particulares deste.

Assim, caso o autor da herança tenha deixado bens particulares, o cônjuge/companheiro sobrevivente concorrerá com os descendentes apenas quanto a estes bens. Terá direito à meação no caso de existência de patrimônio comum do casal.

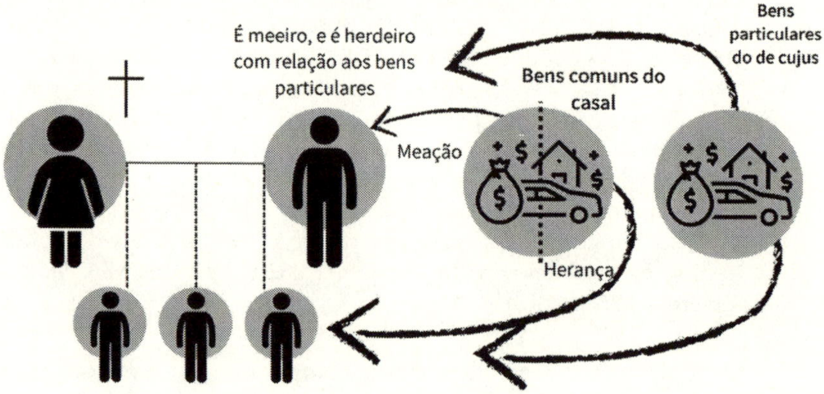

Nesse sentido é a jurisprudência do STJ:

> RECURSO ESPECIAL. CIVIL. DIREITO DAS SUCESSÕES. CÔNJUGE SOBREVIVENTE. REGIME DE COMUNHÃO PARCIAL DE BENS. HERDEIRO NECESSÁRIO. EXISTÊNCIA DE DESCENDENTES DO CÔNJUGE FALECIDO. CONCORRÊNCIA. ACERVO HEREDITÁRIO. EXISTÊNCIA DE BENS PARTICULARES DO DE CUJUS. INTERPRETAÇÃO DO ART. 1.829, I, DO CÓDIGO CIVIL. VIOLAÇÃO AO ART. 535 DO CPC. INEXISTÊNCIA.
> [...]
> 2. Nos termos do art. 1.829, I, do Código Civil de 2002, o cônjuge sobrevivente, casado no regime de comunhão parcial de bens, concorrerá com os descendentes do cônjuge falecido somente quando este tiver deixado bens particulares.
> 3. A referida concorrência dar-se-á exclusivamente quanto aos bens particulares constantes do acervo hereditário do de cujus.
> 4. Recurso especial provido. (REsp n. 1.368.123/SP, relator Ministro Sidnei Beneti, relator para acórdão Ministro Raul Araújo, Segunda Seção, julgado em 22/4/2015, DJe de 8/6/2015.)

Por outro lado, se o *de cujus* não houver deixado bens particulares, o cônjuge/companheiro sobrevivente não participará da concorrência da herança com os descendentes. Terá direito apenas à meação, caso tenha se constituído patrimônio comum do casal.

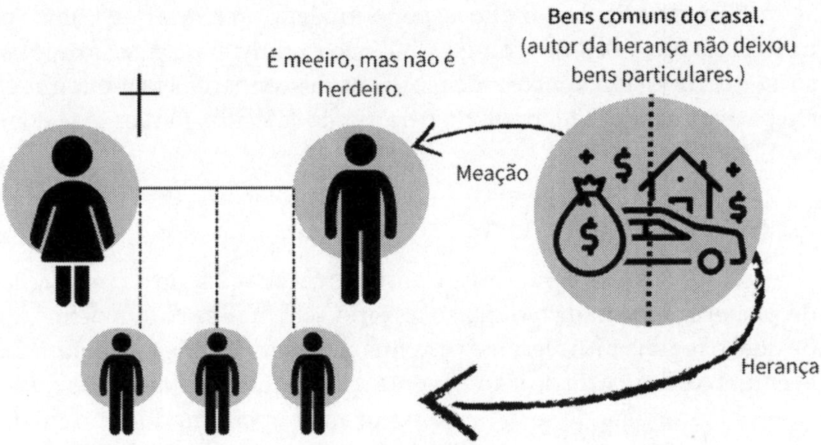

7.2.5 Regime de participação final dos aquestos

O art. 1.829, I do Código Civil não exclui as pessoas casadas/conviventes em união estável sob o regime de participação final nos aquestos da concorrência com os descendentes, de modo que o sobrevivente terá direito à herança.

Contudo, há divergência doutrinária acerca do alcance desta concorrência, no sentido de se ela compreenderia todo o acervo hereditário ou apenas os bens exclusivos do *de cujus*.

Para Paulo Lôbo, "a sucessão concorrente do cônjuge sobrevivente com os descendentes do *de cujus*, nesse regime, dá-se apenas sobre os bens particulares em sentido estrito, ou seja, os que foram adquiridos antes do casamento pelo *de cujus* e os adquiridos por ele mediante doação ou herança".[125]

Também nesse sentido, o Enunciado 270 da III Jornada de Direito Civil do CJF: "O art. 1.829, inc. I, só assegura ao cônjuge sobrevivente o direito de concorrência com os descendentes do autor da herança quando casados no regime da separação convencional de bens ou, se casados nos regimes da comunhão parcial ou participação final nos aquestos, o falecido possuísse bens particulares, hipóteses em que a concorrência se restringe a tais bens, devendo os bens comuns (meação) ser partilhados exclusivamente entre os descendentes."

---

[125] LÔBO, Paulo Luiz Neto. *Direito Civil – Sucessões*. 10. ed. São Paulo: Saraiva Jur, 2024. p. 67.

Conrado Paulino da Rosa, por outro lado, defende que, como "o inciso I do art. 1.829 do Código Civil não exclui a participação sucessória do viúvo em concorrência com os descendentes nesse regime, ele participará da totalidade da herança do falecido, juntamente com os filhos".[126]

7.2.6 Regime de bens misto ou atípico

Adotado um regime misto, deverá o casal – quando da realização do planejamento matrimonial/sucessório – atentar-se para a definição de qual o regime prevalecente para fins sucessórios, pois este definirá a eventual concorrência do sobrevivente com os descendentes do *de cujus*.

Não se trata de se valer do pacto antenupcial ou do contrato de união estável como pacto sucessório (vedado pelo art. 426 do CC), mas de análise prévia do regime a ser considerado para fins de verificação da concorrência do cônjuge/companheiro com os descendentes.

Para Flávio Tartuce, deve-se verificar qual correspondência se faz em relação aos regimes adotados, para constatar se haverá a concorrência sucessória ou não, o que "abre a possibilidade de uma concorrência fracionada de bens";[127]a nosso ver, implicaria maior complexidade na divisão do patrimônio, não recomendável num sistema já complexo de concorrência sucessória.

Deste modo, entendemos que, quando da adoção de um regime atípico, somente não haverá concorrência do cônjuge/companheiro sobrevivente se prevalecentes as regras da comunhão universal de bens ou da comunhão parcial, sem que o autor da herança tenha deixado bens particulares (art. 1.829, I, do CC).[128]

---

[126] ROSA, Conrado Paulino da. *Planejamento sucessório* – Teoria e Prática. 2. ed. São Paulo: Juspodivm, 2023. p. 20.

[127] TARTUCE, Flávio. *Direito Civil:* Direito das sucessões. v. 6. 16. ed. Rio de Janeiro: Grupo GEN, 2023. p. 186.

[128] Aqui não se menciona a regime de separação obrigatória de bens, também previsto no art. 1.829, I, do CC, tendo em vista que, neste caso, não será possível a adoção de regime misto, o que tornaria inócua a imposição legal.

7.2.7 Quadro-resumo: repercussão da escolha do regime de bens na concorrência do cônjuge/companheiro sobrevivente com os descendentes do falecido (CC, art. 1.829, I)

Regimes em que o cônjuge/companheiro sobrevivente concorre com os descendentes do falecido	**Regimes em que o cônjuge/companheiro sobrevivente NÃO concorre com os descendentes do falecido**
✓ Separação convencional de bens; ✓ Comunhão parcial de bens, tendo o autor da herança deixado bens particulares; ✓ Participação final nos aquestos; ✓ Regime misto em que preponderem as regras da separação de bens, da comunhão parcial (tendo o autor da herança deixado bens particulares), ou da participação final nos aquestos.	➢ Comunhão universal de bens; ➢ Separação obrigatória de bens; ➢ Comunhão parcial de bens, sem que o autor da herança tenha deixado bens particulares; ➢ Regime misto em que preponderem as regras da comunhão universal ou da comunhão parcial de bens (sem que o autor da herança tenha deixado bens particulares).

7.3 Direito real de habitação: direito sucessório que independe do regime de bens adotado no casamento/união estável

O art. 1.831 do Código Civil assegura ao cônjuge sobrevivente, qualquer que seja o regime de bens, o direito real de habitação relativamente ao imóvel destinado à residência da família (desde que seja o único desta natureza a inventariar), sem prejuízo da participação que lhe caiba na herança.

A despeito de o referido dispositivo se referir apenas ao *cônjuge*, para o Superior Tribunal de Justiça o direito real de habitação tem como finalidade garantir o direito constitucional à moradia do consorte supérstite, tanto no casamento como na união estável (EREsp 1.520.294 e AgInt no Resp 1.757.984).

Trata-se de direito real que confere ao sobrevivente o direito de residir no bem, sem a necessidade de pagamento de qualquer valor aos demais herdeiros, não obstante a propriedade do imóvel seja atribuída a quem de direito, consoante as normas sucessórias.

Igualmente não terá relevância, para o fim de assegurar tal direito, se o bem era comum do casal, ou exclusivo do falecido, reconhecendo o STJ o direito real em ambos os casos.[129]

[129] STJ, REsp 826.838/RJ, 3.ª Turma, Rel. Min. Castro Filho, j. 25.09.2006, DJU 16.10.2006.

REFERÊNCIAS

BAUMAN, Zygmunt. *Amor líquido: sobre a fragilidade dos laços humanos*. Tradução de Carlos Alberto Medeiros. Rio de Janeiro: Zahar, 2004.

CAHALI, Francisco José. *Contrato de convivência na união estável*. São Paulo: Saraiva, 2002.

CALDERON, Ricardo Lucas; IWASAKI, Michele Mayumi. Usucapião familiar: quem nos salva da bondade dos bons? *Revista Brasileira de Direito Civil*, v. 3, Jan./Mar. 2015, IBDCivil.

CARVALHO, Dimas Messias de. *Direito das Famílias*. São Paulo: SaraivaJur, 2023.

CHINELATO, Silmara Juny. *Comentários ao Código Civil. Parte especial – do Direito de Família*. v. 18. São Paulo: Saraiva, 2004.

DIDIER JÚNIOR, Fredie; FARIAS, Cristiano Chaves de; GUEDES, Jefferson Carús; GAMA, Guilherme Calmon Nogueira da; SLAIBI FILHO, Nagib; ALVIM, Arruda; ALVIM, Thereza (coord.). *Comentários ao Código Civil brasileiro*. Rio de Janeiro: Forense, 2005.

EHRHARDT JÚNIOR, Marcos; ANDRADE, Gustavo Henrique Baptista. A autonomia da vontade no direito sucessório: quais os limites para a denominada "sucessão contratual"? *In*: *Colégio Notarial do Brasil. Seção São Paulo*. Disponível em https://cnbsp.org.br/2020/10/26/artigo-a-autonomia-da-vontade-no-direito-sucessorio-quais-os-limites-para-a-denominada-sucessao-contratual-%C2%96-por-gustavo-henrique-baptista-andrade-e-marcos-ehrhardt-jr/.

FARIAS, Cristiano Chaves de; ROSENVALD, Nelson. *Curso de Direito Civil* – Famílias. 5. ed. Salvador: Juspodivm, 2013.

FARIAS, Cristiano Chaves de; ROSENVALD, Nelson. *Curso de Direito Civil*: Sucessões. 4. ed. Salvador: Juspodivm, 2018.

FLEISCHMANN, Simone Tassinari Cardoso; POMJÉ, Caroline. Partilha da Valorização das Cotas Sociais. *Revista Brasileira de Direito Civil – RBDCivil*, Belo Horizonte, v. 31, n. 4, p. 41-60, out./dez. 2022.

LÔBO, Paulo. *Direito Civil. Famílias*. 8. ed. São Paulo: Saraiva, 2018.

LÔBO, Paulo. *Direito Civil. Famílias*. 14. ed. São Paulo: Saraiva, 2024.

LÔBO, Paulo Luiz Neto. *Direito Civil* – Sucessões. 9. ed., São Paulo: Saraiva Jur, 2023.

MADALENO, Rolf. *Manual de Direito de Família*. Rio de Janeiro: Forense, 2017.

MADALENO, Rolf. *Direito de Família*. 12. ed. Rio de Janeiro: Forense, 2022.

MADALENO, Rolf. *Manual de Direito de Família*. Rio de Janeiro: Forense, 2023.

MIRANDA, Pontes de. *Tratado de Direito Privado*. tomo 2. São Paulo: Revista dos Tribunais, 1971.

MIRANDA, Pontes de. *Tratado de Direito Privado*. tomo 8. São Paulo: Revista dos Tribunais, 1971.

MONTEIRO, Washington de Barros. *Curso de Direito Civil. Direito de Família*. 35. ed. São Paulo: Saraiva, 1999.

NAHAS, Luciana Faisca. Pacto antenupcial – o que pode e o que não pode constar? Reflexões sobre cláusulas patrimoniais e não patrimoniais. *Revista Jurídica da Escola Superior de Advocacia da OAB/SC*, v. 1, n. 2, Florianópolis, out. 2021.

NEVARES, Ana Luiza Maia. *O planejamento sucessório e a proteção de herdeiros menores ou com deficiência pelo testamento*. Publicado em 18.8.2020. Disponível em: https://blog.grupogen.com.br/juridico/areas-de-interesse/civil/protecao-de-herdeiros-menores-deficiencia/.

REQUIÃO, Rubens. Curso de direito comercial. 32. ed. rev. e atual. por Rubens Edmundo Requião. São Paulo: Saraiva, 2015.

ROSA, Conrado Paulino da. *Direito de Família Contemporâneo*. 7. ed. Salvador: Juspodivm, 2020.

ROSA, Conrado Paulino da. *Planejamento Sucessório – Teoria e Prática*. 2. ed. São Paulo: Juspodivm, 2023.

STOLZE, Pablo. PAMPLONA FILHO, Rodolfo. *Novo Curso de Direito Civil:* Direito de família. 13. ed. São Paulo: Saraiva, 2023.

SUY, Ana. *A gente mira no amor e acerta na solidão*. São Paulo: Paidós, 2022.

TARTUCE, Flávio. *Direito civil:* Direito de família. 19. ed. Rio de Janeiro: Forense, 2024.

TARTUCE, Flávio. *Direito Civil: Direito das sucessões*. v. 6. 16. ed. Rio de Janeiro: Grupo GEN, 2023.

VELOSO, Zeno; PEREIRA, Rodrigo da Cunha (coord.). Regimes Matrimoniais de Bens. *In: Direito de Família Contemporâneo*. Belo Horizonte: Del Rey, 1997.

VENOSA, Sílvio de Salvo; RODRIGUES, Cláudia. *Direito empresarial*. 11. ed, Barueri: Atlas, 2023.

Esta obra foi composta em fonte Palatino Linotype, corpo 10
e impressa em papel Pólen Bold 70g (miolo) e Supremo 250g (capa)
pela Gráfica Formato.